en poche

TRAITES EUROPÉENS

2018
2019

Jean-Claude Zarka

Gualino
une marque de Lextenso

Du même auteur, dans la même collection

- *Fiscalité locale*, 2015.
- *Constitutions de la France*, 2018-2019.
- *Droit public*, 2017.
- *Finances publiques*, 2018-2019.
- *Institutions administratives*, 2018-2019.
- *Union européenne*, 2018-2019.
- *Grands principes du Droit de l'Environnement*, 2015.
- *Fonction publique*, 2017.

Jean-Claude Zarka, Docteur en droit (HDR), est Maître de conférences à l'Université Toulouse 1 Capitole.

70, rue du Gouverneur Général Éboué
92131 Issy-les-Moulineaux cedex
ISBN 978-2-297-06967-0
ISSN 1962-6428

Sommaire

1 Le traité instituant la Communauté européenne du charbon et de l'acier (CECA) de 1951 5
2 Le traité instituant la Communauté économique européenne (CEE) de 1957 8
3 Le traité instituant la Communauté européenne de l'énergie atomique (CEEA) de 1957........................ 14
4 Le traité de fusion des exécutifs des trois Communautés de 1965 18
5 L'accord de Schengen de 1985 21
6 L'Acte unique européen de 1986 23
7 La Convention d'application de l'accord de Schengen (Convention de Schengen) de 1990 26
8 Le traité de Maastricht sur l'Union européenne de 1992 29
9 Le traité d'Amsterdam de 1997 34
10 Le traité de Nice de 2001 37
11 Le traité de Lisbonne de 2007.................................... 40
12 Le Traité sur la stabilité, la coordination et la gouvernance dans l'Union économique et monétaire (TSCG) de 2012.. 45
13 Les autres traités européens....................................... 48

Présentation

Ce livre a pour ambition de présenter de façon synthétique et pratique les traités européens qui rythment l'histoire de la construction de l'Union européenne. Ces traités, qui sont au sommet de la hiérarchie des normes européennes, relèvent du droit primaire de l'Union européenne par opposition au droit dérivé qui réunit l'ensemble des actes unilatéraux que les institutions européennes sont habilitées à adopter en application des traités.

Ces traités européens, qui forment le socle de la construction européenne, apparaissent comme des accords contraignants adoptés par tous les États membres de l'Union européenne, des accords qui viennent notamment déterminer les objectifs de cette dernière ainsi que les règles de fonctionnement de ses institutions.

Cet ouvrage, rédigé sous la forme de 13 fiches thématiques, présente tous les grands traités européens y compris les traités conclus hors du cadre communautaire (accords de Schengen du 14 juin 1985 et du 19 juin 1990, TSCG).

Ce livre présentera naturellement les traités fondateurs (le traité CEE, le traité CEEA et le traité CECA qui est arrivé à expiration le 23 juillet 2002) ainsi que les traités de révision des traités constitutifs (traité de fusion des exécutifs des trois Communautés, traités budgétaires, Acte unique européen, traité de Maastricht, traité d'Amsterdam, traité de Nice, traité de Lisbonne). Les traités qui ne sont jamais entrés en vigueur (traité CED, traité établissant une Constitution pour l'Europe) seront présentés en fin d'ouvrage dans la fiche 13 qui étudiera également les deux traités budgétaires ; lesquels sont venus renforcer les pouvoirs budgétaires du Parlement européen.

Ce livre s'adresse aux étudiants inscrits en Droit, en Administration économique et sociale, en Licence d'Administration publique ou dans un Institut d'études politiques qui sont amenés au cours de leurs cursus à suivre des cours d'institutions européennes ou de droit de l'Union européenne. Plus généralement, il intéressera tout lecteur qui souhaite mieux connaître l'Union européenne et le fonctionnement de ses institutions.

1 LE TRAITÉ INSTITUANT LA COMMUNAUTÉ EUROPÉENNE DU CHARBON ET DE L'ACIER (CECA) DE 1951

Au lendemain de la Seconde Guerre mondiale, le traité CECA a créé la première organisation communautaire.

L'ORIGINE HISTORIQUE DU TRAITÉ

La France est à l'origine de la ***Communauté européenne du charbon et de l'acier*** (CECA), laquelle a été présentée comme la première étape de la « ***fédération européenne*** ». Dans son célèbre discours du 9 mai 1950, Robert Schuman, ministre français des Affaires étrangères, a proposé « *de placer l'ensemble de la production franco-allemande du charbon et de l'acier sous une autorité commune, dans une organisation ouverte à la participation des autres pays d'Europe* ». Selon Robert Schuman, « *l'Europe ne se fera pas d'un coup, ni dans une construction d'ensemble : elle se fera par des réalisations concrètes créant d'abord des solidarités de fait* ». Dans l'esprit de ses concepteurs, la CECA ne devait être qu'une étape vers la mise en place d'une union politique.

LA FORME DU TRAITÉ

Le traité instituant la Communauté européenne du charbon et de l'acier (CECA) a été signé le ***18 avril 1951 par la République fédérale d'Allemagne, la France, l'Italie et les trois pays du Benelux*** (Belgique, Luxembourg, Pays-Bas).

Le traité de Paris comporte ***100 articles répartis en quatre titres***. Le premier concerne la Communauté européenne du charbon et de l'acier, le deuxième les institutions de la CECA, le troisième les dispositions économiques et sociales et le quatrième les dispositions générales. Le traité CECA est également complété par deux protocoles, l'un sur la Cour de justice et l'autre sur les relations de la CECA avec le Conseil de l'Europe. Il inclut aussi une convention relative aux dispositions transitoires qui a pour objet « *de prévoir les mesures nécessaires à l'établissement du marché commun et à l'adaptation progressive des productions aux conditions nouvelles qui leur sont faites, tout en facilitant la disparition des déséquilibres résultant des conditions anciennes* ».

Par ailleurs, le traité indique qu'***il sera ratifié par tous les pays membres*** en conformité de leurs règles constitutionnelles respectives et que les instruments de ratification seront déposés auprès du gouvernement de la République française.

Il dispose qu'***il entrera en vigueur le jour du dépôt de l'instrument de ratification de l'État signataire*** qui procédera le dernier à cette formalité. Au cas où tous les instruments de ratification n'auraient pas été déposés dans un délai de six mois à dater de la signature du traité, les gouvernements des États ayant effectué le dépôt doivent se concerter sur les mesures à prendre.

Enfin, le traité CECA, qui a été rédigé en une seule langue (le français), prévoit la possibilité pour tout État européen d'adhérer au traité.

LE CONTENU DU TRAITÉ

Par le traité CECA, les pays signataires instituent entre eux « *une Communauté européenne du charbon et de l'acier, fondée sur un marché commun, des objectifs communs et des institutions communes* ».

« *La Communauté européenne du charbon et de l'acier a pour mission de contribuer, en harmonie avec l'économie générale des États membres et grâce à l'établissement d'un marché commun (…), à l'expansion économique, au développement de l'emploi et au relèvement du niveau de vie dans les États membres* ».

La CECA, qui est dotée de la personnalité juridique, « *doit réaliser l'établissement progressif de conditions assurant par elles-mêmes la répartition la plus rationnelle de la production au niveau de productivité le plus élevé, tout en sauvegardant la continuité de l'emploi et en évitant de provoquer, dans les économies des États membres, des troubles fondamentaux et persistants* ».

Le traité CECA établit la libre circulation des produits, sans droits de douane ni taxes. Les mesures discriminatoires, les subventions, les aides accordées par l'État ainsi que les pratiques restrictives sont prohibées.

Le financement de la CECA est indépendant des États. Il se fait à partir de prélèvements sur la production de charbon et d'acier et en contractant des emprunts.

Le traité de Paris a instauré ***quatre institutions*** qui doivent veiller à l'approvisionnement régulier du marché commun : une Haute Autorité assistée d'un Comité consultatif, une Assemblée, un Conseil des ministres et une Cour de justice.

Il a attribué la gestion du marché commun du charbon et de l'acier à la ***Haute Autorité***. Cet organe, qui détient l'essentiel du pouvoir de décision, est composé de membres indépendants des États : neuf membres nommés pour six ans et choisis en raison de leur compétence générale.

La Haute Autorité est chargée d'assurer la réalisation des objets fixés par le traité CECA. Pour l'exécution des missions qui lui sont confiées, elle prend des décisions, elle formule des recommandations ou émet des avis. Elle publie tous les ans un rapport général sur l'activité de la Communauté et sur ses dépenses administratives. Un ***Comité consultatif*** qui comprend, en nombre égal, des producteurs, des travailleurs et des utilisateurs et négociants est institué auprès de la Haute Autorité.

L'***Assemblée commune*** est composée de représentants des peuples des États réunis dans la Communauté. Elle rassemble 78 députés (18 pour l'Allemagne, la France et l'Italie, 10 pour la Belgique et les Pays-Bas, 4 pour le Luxembourg). Le traité CECA lui attribue un pouvoir de contrôle. Elle a le droit de démettre la Haute autorité mais n'est pas dotée de pouvoirs législatifs ou budgétaires.

Le Conseil est formé par les représentants des six États membres. Chaque État y délègue un membre de son gouvernement. La présidence du Conseil est exercée à tour de rôle par chaque membre du Conseil pour une durée de trois mois suivant l'ordre alphabétique des États membres. Le Conseil est chargé d'harmoniser l'action de la Haute autorité et la politique économique générale des gouvernements.

Enfin, la ***Cour*** assure le respect du droit dans l'interprétation et l'application du traité et des règlements d'exécution. Elle est composée de sept juges désignés d'un commun accord pour six ans par les gouvernements des pays membres parmi des personnalités offrant toutes garanties d'indépendance et de compétence.

L'APPLICATION DU TRAITÉ

Le traité de Paris est entré en vigueur le 23 juillet 1952 et est venu à expiration le 23 juillet 2002. Le traité CECA, qui a été conclu pour une durée de 50 ans, a eu pour ambition de mettre en place un marché commun du charbon et de l'acier. L'objectif poursuivi par ce traité fondateur de l'aventure européenne était de créer des solidarités de fait qui devaient rendre inéluctable l'intégration politique des pays membres. Pour la première fois dans l'histoire de la construction européenne, des États ont accepté d'abandonner une partie de leur souveraineté à des institutions communes.

Le traité de Paris est à l'origine de la ***première organisation d'intégration européenne***, une organisation d'***inspiration fédéraliste***. Jean Monnet, qui est un des « pères fondateurs de l'Europe », a inauguré le 13 août 1952 les fonctions de président de la Haute Autorité CECA. Cette Haute Autorité de la CECA, dotée de pouvoirs normatifs et décisionnels, est en quelque sorte l'ancêtre de l'actuelle Commission qui dispose toutefois de beaucoup moins de pouvoirs. C'était l'organe principal de la CECA, un organe exécutif collégial à caractère supranational.

Les institutions de la CECA, qui ont fusionné en 1965 avec celles de la CEE et de l'Euratom en une Commission et un Conseil uniques (voir Fiche 4), annoncent d'une certaine façon le système institutionnel actuel de l'UE.

Dans son protocole relatif aux conséquences financières de l'expiration du traité CECA et au fonds de recherche du charbon et de l'acier, le traité de Nice de 2001 a prévu que « *tous les éléments du patrimoine actif et passif de la CECA, tels qu'ils existent au 23 juillet 2002, sont transférés à la Communauté européenne à compter du 24 juillet 2002* ».

Enfin, comme le montre le célèbre arrêt *Meroni* du 13 juin 1958 de la Cour de justice concernant les pouvoirs de la Caisse de péréquation des ferrailles importées, c'est dans le cadre du traité CECA que sont apparues les premières « agences européennes ».

La CECA a été à la fois l'embryon et le creuset de l'Union européenne actuelle.

2 Le traité instituant la Communauté économique européenne (CEE) de 1957

Il a notamment prévu la mise en place d'un marché commun, d'une union douanière et de politiques communes.

L'origine historique du traité

En juin 1955, lors de la conférence de Messine qui a eu pour objet de surmonter l'échec de la CED, les ministres des Affaires étrangères des Six ont pris la décision de confier au Comité présidé par le Belge Paul-Henri Spaak l'élaboration d'un projet de ***Communauté politique européenne***. Le ***rapport Spaak***, qui servira de base pour la rédaction des traités de Rome, a été adopté par les ministres des Affaires étrangères des Six à Venise les 29 et 30 mai 1956. Il a préconisé la réalisation d'une union douanière et l'instauration d'un marché commun pour l'ensemble des productions agricoles et industrielles. Il servira de document de travail à la conférence intergouvernementale qui aboutira à la mise en place de la Communauté économique européenne (CEE).

La forme du traité

Le traité instituant la Communauté économique européenne (CEE) a été signé ***à Rome le 25 mars 1957 par les pays signataires du traité CECA*** (France, Allemagne, Italie, Pays-Bas, Belgique et Luxembourg).

Il est précédé d'un préambule qui présente les objectifs de la Communauté économique européenne. Ce préambule affirme que les signataires sont « *déterminés à établir les fondements d'une union sans cesse plus étroite entre les peuples européens* » et « *à assurer par une action commune le progrès économique et social de leurs pays en éliminant les barrières qui divisent l'Europe* ».

Les pays membres indiquent également dans le préambule « *reconnaître que l'élimination des obstacles existants appelle une action concertée en vue de garantir la stabilité dans l'expansion, l'équilibre dans les échanges et la loyauté dans la concurrence* ». Ils affirment « *être soucieux de renforcer l'unité de leurs économies et d'en assurer le développement harmonieux, en réduisant l'écart entre les différentes régions et le retard des moins favorisées* » et « *désireux de contribuer, grâce à une politique commerciale commune, à la suppression progressive des restrictions aux échanges internationaux* ». Ils veulent « *confirmer la solidarité qui lie l'Europe et les pays d'outre-mer, et (...) assurer le développement de leur prospérité, conformément aux principes de la Charte des Nations Unies* ». Enfin, ils déclarent être « *résolus à affermir, par la constitution de cet ensemble de ressources, les sauvegardes de la paix et la liberté, et (appellent) les autres peuples d'Europe qui partagent leur idéal à s'associer à leur effort* ».

Le traité CEE, qui est un ***traité-cadre*** impliquant une réalisation par étapes successives, contient 248 articles et six parties distinctes :

- la première partie définit les principes qui régissent la Communauté ;
- la deuxième expose « les fondements de la Communauté » en quatre titres consacrés respectivement à la libre circulation des marchandises, à l'agriculture, à la libre circulation des personnes, des services et des capitaux et enfin aux transports ;
- la troisième partie intitulée « la politique de la Communauté » comporte quatre titres relatifs aux règles communes (en matière de concurrence, de fiscalité, de rapprochement des législations), à la politique économique, à la politique sociale et à la Banque européenne d'investissement ;
- la quatrième partie est consacrée à « l'association des pays et territoires d'outre-mer » ;
- la cinquième partie présente les institutions de la Communauté avec un titre sur les dispositions institutionnelles et un autre sur les dispositions financières ;
- enfin, la sixième partie du traité concerne les dispositions générales et finales.

Le traité CEE est complété par neuf déclarations et douze protocoles. Le premier protocole est consacré aux statuts de la Banque européenne d'investissement.

Par ailleurs, à la différence du traité de Paris, le traité CEE a été rédigé comme le traité instituant la Communauté européenne de l'énergie atomique (CEEA) en ***quatre langues*** : en allemand, en français, en italien et en néerlandais.

Le traité CEE indique qu'il sera ratifié par les « Hautes Parties Contractantes » conformément à leurs règles constitutionnelles respectives et que les instruments de ratification seront déposés auprès du Gouvernement de la République Italienne.

Il dispose qu'il entrera en vigueur ***le premier jour du mois suivant le dépôt de l'instrument de ratification de l'État signataire*** qui procédera le dernier à cette formalité. Cependant, il est précisé que si ce dépôt a lieu moins de quinze jours avant le début du mois suivant, l'entrée en vigueur du traité est reportée au premier jour du deuxième mois suivant la date de ce dépôt.

Enfin, le traité prévoit la possibilité pour tout État européen d'adhérer à la Communauté. Les conditions de l'admission et les adaptations du traité que celle-ci entraîne feront l'objet d'un accord entre les États membres et l'État demandeur. Cet accord sera soumis à la ratification par tous les États contractants conformément à leurs règles constitutionnelles respectives.

LE CONTENU DU TRAITÉ

Son article 2 dispose que « *la Communauté a pour mission, par l'établissement d'un marché commun et par le rapprochement progressif des politiques économiques des États membres, de promouvoir un développement harmonieux des activités économiques dans l'ensemble de la Communauté, une expansion continue et équilibrée, une stabilité accrue, un relèvement accéléré du niveau de vie, et des relations plus étroites entre les États qu'elle réunit* ».

Le marché commun est fondé sur les « ***quatre libertés*** » que sont la libre circulation des personnes, des services, des marchandises et des capitaux. Il met en place un espace économique unifié qui instaure entre les entreprises la libre concurrence.

L'article 8 du traité CEE prévoit que le marché commun sera progressivement établi au cours d'une période de transition de 12 années. Cette période transitoire est divisée en trois étapes de quatre années chacune. À chaque étape est assigné un ensemble d'actions qui doivent être engagées et poursuivies concurremment.

Le marché commun est fondé sur le principe de la ***libre concurrence***. Le traité CEE interdit les ententes entre entreprises ainsi que les aides d'État (sauf exceptions prévues par le traité) qui sont de nature à affecter les échanges entre États membres et qui ont pour objet ou pour effet d'empêcher, de restreindre ou de fausser la concurrence à l'intérieur du marché commun.

Le marché commun implique l'établissement d'***une union douanière entre les pays membres***. « *La Communauté est fondée sur une union douanière qui s'étend à l'ensemble des échanges de marchandises, et qui comporte l'interdiction, entre les États membres, des droits de douane à l'importation et à l'exportation et de toutes taxes d'effet équivalent, ainsi que l'adoption d'un tarif douanier commun dans leurs relations avec les pays tiers* » (traité CEE, art. 9).

Enfin, le bon fonctionnement du marché commun rend indispensable le rapprochement des législations nationales et l'élaboration de ***politiques communes***. Le traité prévoit la mise en place de plusieurs politiques communes :

- l'établissement d'un tarif douanier commun et d'une politique commerciale commune envers les pays tiers ;
- l'instauration d'une politique commune dans les domaines de l'agriculture ;
- l'instauration d'une politique commune dans le domaine des transports ;
- l'établissement d'un régime assurant que la concurrence n'est pas faussée dans le marché commun.

De plus « *si une action de la Communauté apparaît nécessaire pour réaliser, dans le fonctionnement du marché commun, l'un des objets de la Communauté, sans que le présent traité ait prévu les pouvoirs d'action requis à cet effet, le Conseil, statuant à l'unanimité sur proposition de la Commission et après consultation de l'Assemblée, prend les dispositions appropriées* » (traité CEE, art. 235).

Par ailleurs, le traité CEE met en place les ***institutions de la Communauté*** : le Conseil, la Commission, la Cour de justice, l'Assemblée, et le Comité économique et social.

Comme le traité instaurant la Communauté européenne de l'énergie atomique, le traité CEE est en retrait sur le plan institutionnel par rapport au traité CECA.

En effet, l'organe décisionnel n'est plus la Haute autorité composée de membres indépendants des États, mais le ***Conseil des ministres***, lequel réunit les représentants des États. Cet organe intergouvernemental décide soit à la majorité qualifiée soit à l'unanimité.

La ***Commission*** qui est politiquement indépendante dispose d'un droit d'initiative quasi exclusif.

La ***Cour de justice*** assure le respect du droit dans l'application et l'interprétation du traité. L'***Assemblée***, composée de représentants des peuples des États réunis dans la Communauté, exerce les pouvoirs de délibération et de contrôle. Elle est formée de délégués que les Parlements sont appelés à désigner en leur sein selon la procédure fixée par chaque État membre.

Un ***Conseil économique et social*** composé de représentants des différentes catégories de la vie économique et sociale, notamment des producteurs, des agriculteurs, des transporteurs, des travailleurs, des négociants et artisans, des professions libérales et de l'intérêt général, est également créé par le traité CEE. Sa composition s'inspire de celle du Conseil économique et social français qui est devenu le « Conseil économique, social et environnemental » depuis la révision constitutionnelle de 2008. C'est le plus ancien des organismes consultatifs associés aux institutions européennes.

Le traité CEE prévoit aussi la création de la ***Banque européenne d'investissement*** (BEI) « *destinée à faciliter l'expansion économique de la Communauté par la création de ressources nouvelles* » et du ***Fonds social européen*** (FSE) « *en vue d'améliorer les possibilités d'emploi des travailleurs et de contribuer au relèvement de leur niveau de vie* ».

Enfin, s'agissant du ***droit dérivé*** ou « ***secondaire*** », le traité CEE distingue 5 instruments juridiques qui existent toujours : les règlements, les directives, les décisions, les recommandations et les avis. « *Le règlement a une portée générale. Il est obligatoire dans tous ses éléments et il est directement applicable dans tout État membre. La directive lie tout État membre destinataire quant au résultat à atteindre, tout en laissant aux instances nationales la compétence quant à la forme et aux moyens. La décision est obligatoire dans tous ses éléments pour les destinataires qu'elle désigne. Les recommandations et les avis ne lient pas* » (traité CEE, art. 189).

L'APPLICATION DU TRAITÉ

Le traité CEE est entré en vigueur le 1er janvier 1958 pour une durée illimitée et cela à la différence du traité CECA, ce qui souligne le caractère irréversible de l'engagement des signataires de ce traité qui s'étaient fixés pour objectif l'établissement d'un marché commun. Le traité CEE a été modifié à de nombreuses reprises, chaque révision débouchant sur un nouveau traité européen. La CEE, qui deviendra rapidement le symbole de la construction européenne, a changé de nom avec le traité de Maastricht. Elle a été effectivement remplacée par une Communauté européenne (CE) aux compétences élargies. Le traité CE sera ensuite rebaptisé « Traité sur le fonctionnement de l'Union » (TFUE) avec le traité de Lisbonne.

Le système institutionnel prévu par le traité CEE repose sur le fameux « ***triangle institutionnel*** » (Commission, Conseil, Assemblée). Ce « triangle institutionnel » qui existe toujours évoluera par la suite avec la création du Conseil européen et la montée en puissance du Parlement européen dans le processus décisionnel de l'UE.

Par ailleurs, en interprétant de nombreuses dispositions dans un sens favorable à l'intégration européenne, la ***Cour de justice de Luxembourg***, qui détient de nombreuses compétences, a joué un rôle fondamental dans la mise en œuvre du traité CEE. Cette juridiction, qui s'est progressivement imposée comme « la Cour suprême d'une fédération européenne potentielle » (Philippe Moreau Defarges), a contribué à faire progresser l'intégration du marché commun.

Il convient ici d'insister sur deux grands arrêts de la Cour de justice qui datent des années soixante : l'arrêt *Van Gend en Loos* du 5 février 1963 et l'arrêt *Costa c/ ENEL* du 15 juillet 1964.

Dans l'arrêt *Van Gend en Loos*, le juge communautaire a estimé que « (...) *le traité CEE constitue plus qu'un accord qui ne créerait que des obligations mutuelles entre États contractants (...)* ». D'après cette décision de 1963, la Communauté constitue « *un nouvel ordre juridique de droit international dont les sujets sont non seulement les États membres mais leurs ressortissants* ». Ensuite, dans son arrêt *Costa c/ ENEL*, le juge communautaire a affirmé qu'« *à la différence des traités internationaux ordinaires, le traité de la CEE a institué un ordre juridique propre, intégré au système juridique des États membres (...)* ». Dans cet arrêt, il a énoncé, pour la première fois, le principe de primauté du droit communautaire qu'il a qualifié de « fondamental ». En affirmant des principes de ce type, la jurisprudence imposante de la Cour de justice est venue développer les virtualités fédérales du traité de Rome.

Le juge communautaire a eu l'occasion d'utiliser la formule de « *charte constitutionnelle de base* » pour qualifier le traité de Rome (CJCE, 23 avril 1986, *Parti écologiste – Les Verts / Parlement européen*).

Le premier objectif du traité CEE, qui a institué les « quatre libertés » de circulation, a été ***l'établissement d'un espace sans frontières tarifaires internes*** protégé par un tarif douanier commun vis-à-vis de l'extérieur.

L'***Union douanière européenne*** a vu le jour le 1er juillet 1968, soit un an et demi avant la date prévue par le traité de Rome de 1957. Elle a permis la suppression des droits de douane entre les pays membres et la mise en place d'un tarif douanier commun qui réglemente les échanges avec le reste du monde.

L'Acte unique européen de 1986 viendra approfondir le marché commun et donner une nouvelle impulsion à l'intégration européenne en procédant à la suppression des entraves persistantes. La généralisation du principe de reconnaissance mutuelle est l'une des mesures clés de l'Acte unique.

Depuis le 1er janvier 1993, la ***libre circulation des marchandises*** est effective. La ***libre circulation des personnes*** est, quant à elle, effective entre les pays membres de l'espace Schengen. Cette liberté est également garantie par l'article 45 de la Charte des droits fondamentaux de l'UE, laquelle est devenue contraignante avec l'entrée en vigueur du traité de Lisbonne.

Le traité de Rome a également prévu que la ***libre circulation des travailleurs*** est assurée à l'intérieur de la Communauté sous réserve « ***des limitations justifiées par des raisons d'ordre public, de sécurité publique et de santé publique*** ». On remarquera que lorsque des pays viennent adhérer à l'UE, des périodes transitoires peuvent être instituées, des périodes de 7 ans maximum au cours desquelles il est possible de restreindre la libre circulation des travailleurs. Seuls trois des États membres (Royaume-Uni, Irlande, Suède) ont ouvert sans limite leur marché du travail dès le 1er mai 2004. En mai 2006, trois autres États (Espagne, Portugal, Finlande) ont pris la décision de les rejoindre. La France, la Belgique, le Luxembourg et le Danemark ont décidé, quant à eux, d'ouvrir partiellement et progressivement leur marché du travail aux ressortissants de la Pologne, de la République Tchèque, de la Slovaquie, de la Hongrie, de la Slovénie, de la Lituanie, de l'Estonie et de la Lettonie. L'Allemagne comme l'Autriche, a procédé, à partir du 1er mai 2011, à l'ouverture complète de ses frontières aux 73 millions de ressortissants de ces huit pays qui ont adhéré à l'UE en 2004. Depuis le 1er janvier 2014, les travailleurs Bulgares et Roumains bénéficient de la même liberté de circulation que les autres travailleurs européens.

Créée en 1957 par le traité CEE, la ***Politique agricole commune (PAC)*** n'a été mise en place qu'en 1962. On notera que traité de Lisbonne a permis d'appliquer la procédure législative ordinaire, qui confère le même poids au Parlement européen et au Conseil, dans le domaine de la PAC. Quant à la ***politique commerciale commune***, qui était considérée par les auteurs du traité de Rome comme l'un des éléments essentiels de la CEE, elle permet à l'UE de défendre ses intérêts dans le cadre de l'Organisation mondiale du commerce (OMC).

Soixante ans après la signature du traité de Rome, les 27 (sans le Royaume-Uni) ont adopté, le 25 mars 2017, une déclaration dans laquelle ils s'engagent à œuvrer à une union qui « *favorise le progrès économique et social ainsi que la cohésion et la convergence, tout en veillant à l'intégrité du marché intérieur* ». La déclaration de Rome réaffirme que l'UE est « une et indivisible », en réponse explicite au Brexit. Les 27 s'engagent également à agir « *de concert, si nécessaire à des rythmes différents et avec une intensité différente (...)* ».

Enfin, depuis la création de la CEE, 22 États sont venus rejoindre la Communauté européenne, puis l'Union européenne.

3 LE TRAITÉ INSTITUANT LA COMMUNAUTÉ EUROPÉENNE DE L'ÉNERGIE ATOMIQUE (CEEA) DE 1957

La Communauté européenne de l'énergie atomique (CEEA ou EURATOM) créée par le traité de Rome en 1957 gère un marché commun pour les matières nucléaires en Europe.

L'ORIGINE HISTORIQUE DU TRAITÉ

L'échec des projets en matière de défense et de politique étrangère commune en 1954 a conduit à privilégier le choix de l'intégration économique. Lors de la conférence de Messine, en juin 1955, les ministres des Affaires étrangères des Six ont estimé qu'il fallait « *étudier la création d'une organisation commune à laquelle (serait attribuée) la responsabilité et les moyens d'assurer le développement pacifique de l'énergie atomique en prenant en considération les arrangements spéciaux souscrits par certains gouvernements avec des tiers* ». Les Six ont chargé un comité intergouvernemental de faire des propositions pour la poursuite de l'intégration européenne. Lors de sa réunion à Bruxelles en février 1956, ce comité d'experts présidé par le Belge Paul-Henri Spaak a confirmé « *la nécessité et l'urgence de créer une organisation européenne dans le domaine atomique* ». Approuvé lors de la conférence de Venise de mai 1956, le rapport Spaak a ouvert la voie à une négociation qui allait conduire à la signature du traité instaurant la CEEA.

LA FORME DU TRAITÉ

Le traité instituant la Communauté européenne de l'énergie atomique (CEEA) dit Euratom a été signé ***à Rome le 25 mars 1957 par les Six*** (Belgique, République fédérale d'Allemagne, France, Italie, Luxembourg, Pays-Bas) en même temps que le traité instituant la Communauté économique européenne (CEE). Comme le traité CECA et à la différence du traité CEE, le traité Euratom est un traité sectoriel qui ne concerne qu'une seule activité économique.

Le traité comporte un préambule de grande portée idéologique et 234 articles qui sont répartis en six titres. Depuis la signature en 2007 du traité de Lisbonne, le nombre des articles a été ramené à 177.

Dans le préambule, les parties signataires soulignent que « *l'énergie nucléaire constitue la ressource essentielle qui assurera le développement et le renouvellement des productions et permettra le progrès des œuvres de paix* ». Elles affirment leur détermination à créer « *les conditions de développement d'une puissante industrie nucléaire, source de vastes disponibilités d'énergie et d'une modernisation des techniques, ainsi que de multiples autres applications contribuant au bien-être de leurs peuples* » et à « *établir les conditions de sécurité qui écarteront les périls pour la vie et la santé des populations* ». Elles souhaitent « *associer d'autres pays à leur œuvre* » et « *coopérer avec les organisations internationales attachées au développement pacifique de l'énergie atomique* ».

Le premier titre du traité détermine les missions spécifiques qu'il confie à la Communauté. Le deuxième titre définit les « *dispositions favorisant le progrès dans le domaine de l'énergie nucléaire* » (le développement de la recherche, la diffusion de connaissances, la protection sanitaire, les investissements, les entreprises communes, l'approvisionnement, le contrôle de sécurité, le régime de propriété, le marché commun nucléaire et les relations extérieures). Le troisième titre est relatif aux institutions de la Communauté et aux dispositions financières générales. Le quatrième titre est consacré aux dispositions financières particulières. Les cinquième et sixième titres sont respectivement consacrés aux dispositions générales et aux dispositions finales.

Le traité instituant la Communauté européenne de l'énergie atomique comprend également cinq annexes et plusieurs protocoles dont le protocole relatif à l'application du traité instituant la CEEA aux parties non européennes du royaume des Pays-Bas et le protocole sur le statut de la Cour de justice de la CEEA. Le traité comportait initialement un protocole sur les privilèges et immunités de la CEEA.

Enfin, le traité Euratom précise qu'il sera ratifié par les « ***Hautes Parties Contractantes*** » conformément à leurs procédures constitutionnelles respectives. Il dispose qu'il entrera en vigueur le premier jour du mois suivant le dépôt de l'instrument de ratification de l'État signataire qui procédera le dernier à cette formalité. Toutefois, si ce dépôt a lieu moins de quinze jours avant le début du mois suivant, l'entrée en vigueur du traité européen est reportée au premier jour du deuxième mois suivant la date de ce dépôt.

LE CONTENU DU TRAITÉ

Le traité cherche à ***promouvoir l'utilisation de l'énergie nucléaire à des fins pacifiques***. Il a pour but de contribuer à la création et à la croissance des industries nucléaires européennes, et de permettre à tous les États membres de bénéficier du développement de l'énergie atomique. La CEEA est chargée « *de contribuer, par l'établissement des conditions nécessaires à la formation et à la croissance rapides des industries nucléaires, à l'élévation du niveau de vie dans les États membres et au développement des échanges avec les autres pays* ».

La CEEA doit établir et ***assurer l'application de normes de sécurité uniformes pour la protection sanitaire de la population et des travailleurs***. Elle doit également faciliter les investissements et assurer la réalisation des installations fondamentales indispensables au développement de l'énergie nucléaire dans l'Union européenne. Elle est responsable de l'approvisionnement régulier et équitable de tous les utilisateurs dans l'Union européenne en minerais et combustibles nucléaires. Une ***Agence d'approvisionnement d'Euratom*** placée sous le contrôle de la Commission et dotée de la personnalité juridique et de l'autonomie financière a été instituée par le traité.

La CEEA a aussi pour mission de garantir que les matières nucléaires civiles ne sont pas détournées à d'autres fins, notamment militaires. Le traité Euratom a instauré un système de contrôle très strict pour garantir un usage strictement pacifique de l'énergie nucléaire.

La CEEA a vocation à promouvoir l'utilisation pacifique de l'énergie nucléaire à l'échelle mondiale. Le traité Euratom lui permet de conclure des accords internationaux avec des pays tiers comme avec des organisations internationales. De nombreux accords Euratom-pays tiers ont été conclus. On notera que l'Agence internationale de l'énergie atomique (AIEA) collabore avec la CEEA dans le cadre d'accords tripartites signés par les pays membres, la Communauté et l'AIEA.

Enfin, le traité Euratom permet à la CEEA de créer des « entreprises communes » pour la réalisation de projets spécifiques ayant une importance fondamentale pour le développement de l'industrie nucléaire européenne.

L'APPLICATION DU TRAITÉ

Le traité Euratom est entré en vigueur le ***1er janvier 1958***. Comme le traité CEE et à la différence du traité CECA du 18 avril 1951, il a été conclu pour une durée illimitée. Tous les pays membres de l'UE font partie de la CEEA qui n'a de compétences que dans le domaine de l'énergie nucléaire civile et pacifique.

De 1957 à 1967, la CEEA s'est appuyée comme la CEE sur l'Assemblée et la Cour de justice des Communautés européennes ainsi que sur le Comité économique et social. Durant cette période, elle disposait de son propre pouvoir exécutif : sa propre Commission, qui n'était composée que de cinq membres, et son propre Conseil.

Si la Commission bénéficiait d'un quasi-monopole en matière d'initiative, l'essentiel du pouvoir de décision appartenait au Conseil. La Commission ne disposait pas de la place prééminente que le traité de Paris instituant la Communauté européenne du Charbon et de l'Acier avait attribué à la Haute autorité de la CECA. Cette différence notable sur le plan institutionnel avec la CECA subsistera même après l'entrée en vigueur en juillet 1967 du traité de fusion des exécutifs des trois Communautés européennes.

Depuis l'application de ce « traité de fusion », la CEEA repose sur le fameux « ***triangle institutionnel*** » (Conseil, Commission et Parlement européen). La CEEA dispose toutefois de deux organismes spécifiques : l'Agence d'approvisionnement d'Euratom et l'Office de contrôle de sécurité qui effectue des contrôles dans les installations nucléaires des pays membres.

Par ailleurs, tout en partageant les mêmes institutions que l'Union européenne, la CEEA a conservé ***une personnalité juridique distincte***. Elle n'a pas fusionné avec l'Union européenne. Contrairement au traité instaurant la Communauté européenne, le traité instituant la CEEA n'a jamais connu de changements substantiels. Le traité de Lisbonne a modifié toutefois certaines de ses dispositions *via* son « protocole (n° 12) modifiant le traité instituant la Communauté européenne de l'énergie atomique ». Mais il ne s'agit que d'adaptations aux nouvelles règles établies par le « traité modificatif européen ».

Le traité Euratom, qui fait partie des sources écrites du droit de l'Union européenne, contribue actuellement à la mise en commun des connaissances, des infrastructures et du financement de l'énergie nucléaire et garantit la sécurité de l'approvisionnement en énergie atomique dans le cadre d'un contrôle centralisé.

On soulignera qu'il est à l'origine d'un ***droit dérivé*** particulièrement développé. La législation adoptée concerne en particulier la sûreté, le transfert des matières radioactives, la gestion du combustible usé et des déchets radioactifs ou encore les normes de radioprotection. On citera par exemple la ***directive 96/29/Euratom du Conseil du 13 mai 1996*** fixant les normes de base relatives à la protection sanitaire de la population et des travailleurs contre les dangers résultant des rayonnements ionisants, la ***directive 2009/71/Euratom du Conseil du 25 juin 2009*** établissant un cadre communautaire pour la sûreté nucléaire des installations nucléaires, et la ***directive 2011/70/Euratom du Conseil du 19 juillet 2011*** établissant un cadre communautaire pour la gestion responsable et sûre du combustible usé et des déchets radioactifs.

Pour l'eurodéputé belge et ancien Premier ministre Guy Verhofstadt, référent pour le Brexit du Parlement européen, il n'est « *pas possible d'être hors de l'Union et de rester membre à part entière d'Euratom* ». En quittant l'UE, Londres quittera également la CEEA, comme l'a d'ailleurs précisé le gouvernement britannique dans son livre blanc sur le Brexit publié le 2 février 2017. David Davis, secrétaire d'État dans le gouvernement de Theresa May, qui a été chargé de négocier la sortie du Royaume-Uni de l'UE, a indiqué que son pays souhaitait « *avoir une relation étroite et efficace avec l'Euratom* » une fois que la sortie de Londres de l'UE sera devenue effective.
Le gouvernement britannique a annoncé que le Brexit aurait lieu le 29 mars 2019. La période de transition post-Brexit, qui a été demandée par Londres pour éviter les conséquences d'une rupture trop brutale, ira jusqu'au 31 décembre 2020. Pendant cette période d'ajustement, « *le Royaume-Uni ne participera plus aux processus de décision de l'UE* », tout en devant « *respecter toutes les règles européennes* » a déclaré, le 19 mars 2018, Michel Barnier, négociateur en chef de la Commission chargé des négociations avec le Royaume-Uni au titre de l'article 50 du TUE.

4 LE TRAITÉ DE FUSION DES EXÉCUTIFS DES TROIS COMMUNAUTÉS DE 1965

Le traité de Bruxelles du 8 avril 1965 également connu sous le nom de « traité de fusion » procède à l'unification des exécutifs des trois communautés européennes.

L'ORIGINE HISTORIQUE DU TRAITÉ

Après trois années de négociations difficiles, le traité de fusion des exécutifs des Communautés européennes a été signé ***à Bruxelles le 8 avril 1965***. Le principe de la fusion avait été adopté par le Conseil des ministres du 23 septembre 1963 dans la perspective de la fusion des trois communautés. La France, qui souhaitait renforcer la position du Conseil des ministres, a longtemps été hostile à la fusion des exécutifs des trois communautés alors que ses partenaires la réclamaient pour renforcer la Commission. Elle allait toutefois finir par l'admettre à la condition qu'elle soit suivie dans les trois ans de la fusion des traités constitutifs des communautés. Comme on le sait, cette fusion des traités n'a pas eu lieu.

LA FORME DU TRAITÉ

Le traité de fusion des exécutifs des trois communautés, qui fut signé le 8 avril 1965 à Bruxelles par les 6 pays fondateurs de la Communauté économique européenne (Belgique, République fédérale d'Allemagne, France, Italie, Luxembourg, Pays-Bas), comporte ***39 articles***. Dans son court préambule, les rédacteurs du traité affirment leur détermination à « progresser dans la voie de l'unité européenne » et « à procéder à l'unification des trois communautés ».

Un protocole fixant les privilèges et immunités des communautés est annexé à ce traité de fusion, lequel précise que les communautés européennes jouissent sur le territoire des États membres des privilèges et immunités nécessaires à l'accomplissement de leur mission dans les conditions définies dans le protocole. Ce dernier reprend la quasi-totalité des dispositions des protocoles sur les privilèges et immunités qui étaient annexés aux traités instituant la Communauté économique européenne (CEE) et la Communauté européenne de l'énergie atomique (CEEA).

Enfin, le traité dispose qu'***il entrera en vigueur le premier jour du mois suivant le dépôt de l'instrument de ratification de l'État signataire*** qui procédera le dernier à cette formalité. Il précise qu'il sera ratifié par les « Hautes Parties Contractantes » conformément à leurs procédures constitutionnelles respectives.

LE CONTENU DU TRAITÉ

Ce traité fusionne les structures exécutives mises en place par les traités CEE, CECA et CEEA. Plus précisément, il instaure une Commission unique et un Conseil des ministres unique pour les trois communautés.

L'assemblée parlementaire et la Cour de justice étaient déjà depuis 1957 des institutions communes aux trois communautés en vertu d'une Convention conclue en même temps que les deux traités de Rome (CEE et CEEA), la « Convention relative à certaines institutions communes aux Communautés européennes ».

Le traité de Bruxelles institue un Conseil et une Commission européenne uniques qui sont chargés d'appliquer les traités fondateurs des trois communautés, traités qui demeurent distincts avec leurs propres règles jusqu'à ce qu'ils soient eux-mêmes fusionnés. Cette fusion administrative s'accompagne de la constitution d'un budget de fonctionnement unique. Mais les ressources demeurent distinctes en vertu des trois traités fondateurs des communautés.

Le traité du 8 avril 1965 a également adopté le principe d'un statut unique pour tous les fonctionnaires et agents des communautés.

La ***Commission des Communautés européennes*** se substitue à la Haute Autorité de la Communauté européenne du charbon et de l'acier ainsi qu'à la Commission de la Communauté économique européenne de l'énergie atomique. Elle exerce les pouvoirs et les compétences dévolus à ces institutions dans les conditions prévues aux Traités instituant respectivement la Communauté européenne du charbon et de l'acier, la Communauté économique européenne et la Communauté européenne de l'énergie atomique ainsi qu'au traité de fusion du 8 avril 1965.

Elle est composée de neuf membres choisis en raison de leur compétence générale et offrant toutes garanties d'indépendance. Le nombre de ses membres peut être modifié par le Conseil statuant à l'unanimité. Seuls les nationaux des États membres peuvent être membres de la Commission.

La Commission de Bruxelles doit comprendre au moins un ressortissant de chacun des pays membres sans que le nombre des membres ayant la nationalité d'un même État soit supérieur à deux. Ses membres vont exercer leurs fonctions en pleine indépendance dans l'intérêt général des Communautés européennes. Dans l'accomplissement de leurs devoirs, ils ne sollicitent ni n'acceptent d'instructions d'aucun gouvernement ni d'aucun organisme. Ils doivent s'abstenir de tout acte incompatible avec le caractère de leurs fonctions.

Le ***Conseil des Communautés européennes***, qui se substitue au Conseil spécial des ministres de la Communauté européenne du Charbon et de l'Acier, au Conseil de la Communauté économique européenne et au Conseil de la Communauté européenne de l'énergie atomique, exerce les pouvoirs et les compétences dévolus à ces institutions dans les conditions prévues aux traités instituant respectivement la CECA, la CEE et la CEEA ainsi qu'au traité de fusion du 8 avril 1965.

Ce Conseil est formé par les représentants des États membres. Chaque gouvernement va déléguer un de ses membres. La présidence du Conseil est exercée à tour de rôle par chaque membre du Conseil pour une durée de six mois selon l'ordre suivant des États membres : Belgique, Allemagne, France, Italie, Luxembourg, Pays-Bas. Le Conseil se réunit sur convocation de son président à l'initiative de celui-ci, d'un de ses membres ou encore de la Commission.

Enfin, sur proposition de la France, le ***Comité des représentants permanents*** (COREPER), composé des ambassadeurs des pays membres, devient une institution des communautés. Ce Comité composé des représentants permanents des États membres est chargé de préparer les travaux du Conseil et d'exécuter les mandats qui lui sont confiés par celui-ci.

L'APPLICATION DU TRAITÉ

Ce traité de fusion des exécutifs, qui ***est entré en vigueur le 1er juillet 1967 après ratification par les six pays membres***, a modernisé les institutions européennes. Il a définitivement fixé l'architecture globale du système institutionnel des communautés européennes. Il sera par la suite abrogé par le traité d'Amsterdam qui intégrera ses éléments essentiels dans le traité instituant la Communauté européenne.

Avec ce texte de fusion qui cherche à rationaliser des institutions mises en place à des époques différentes, le schéma institutionnel européen se présente de la façon suivante : un Conseil des ministres, une Commission, une assemblée parlementaire et la Cour de justice.

Ce traité de Bruxelles n'apporte aucune modification au fonctionnement des institutions communautaires. Il ne modifie en rien leurs compétences respectives et maintient les règles de fonctionnement interne propres à chaque communauté. Mais avec l'entrée en vigueur de ce traité européen, c'est la même institution communautaire qui va pouvoir intervenir dans les trois communautés en exerçant les attributions qui lui sont conférées par les traités fondateurs. Cette unification constitue à l'évidence une amélioration notable sur le plan institutionnel. Elle a été essentielle pour la suite du processus d'intégration européenne.

Le premier président de la Commission unique a été le Belge Jean Rey qui avait joué un rôle de premier plan dans les négociations du Kennedy Round (1964-1967) dans le cadre du GATT, et cela en sa qualité de commissaire européen aux relations extérieures dans la Commission présidée par Walter Hallstein. Jean Rey a d'ailleurs succédé à Walter Hallstein qui a dirigé la Commission pendant près de dix ans. Cet ancien ministre du chancelier Adenauer a présenté le « Plan Hallstein » qui préconisait l'organisation d'une Europe fédérale avec une Commission dotée de larges prérogatives. Une vive querelle idéologique l'a opposé au Général de Gaulle qui voyait dans cette nouvelle Commission l'embryon d'un gouvernement fédéral européen.

La Commission présidée par Jean Rey a pris ses fonctions le 6 juillet 1967. On remarquera que les Français Raymond Barre et Jean-François Deniau ont participé à cette première Commission des Communautés européennes issue du traité de fusion.

5 L'ACCORD DE SCHENGEN DE 1985

Cet accord conclu en 1985 par cinq pays de la Communauté européenne d'alors est un accord relatif à la suppression graduelle des contrôles à leurs frontières communes.

L'ORIGINE HISTORIQUE DU TRAITÉ

L'accord de Schengen, qui n'a pas été conclu dans le cadre des Communautés, se situe dans le prolongement de la déclaration du ***Conseil européen de Fontainebleau*** des 25-26 juin 1984 relative à la suppression aux frontières intérieures des formalités de police et de douane pour la circulation des personnes et des marchandises. Il apparaît également dans le droit fil de ***l'accord franco-allemand de Sarrebruck*** du 13 juillet 1984, un accord concernant la suppression graduelle des contrôles à la frontière franco-allemande.

LA FORME DU TRAITÉ

Le 14 juin 1985, la République fédérale d'Allemagne, la France, la Belgique, le Luxembourg et les Pays-Bas ont signé sans les cinq autres membres de la Communauté d'alors (Grande-Bretagne, Irlande, Grèce, Italie et Danemark) un accord relatif à la suppression graduelle des contrôles de personnes aux frontières intérieures au sein de l'espace Schengen. Face à l'absence de consensus parmi les 10 pays membres de la Communauté, ces cinq pays souhaitaient concrétiser l'objectif de libre circulation des personnes qui est affirmé dans le traité de Rome de 1957.

L'accord de Schengen est précédé d'un préambule qui souligne que « *l'union sans cesse plus étroite des peuples des États membres des Communautés européennes doit trouver son expression dans le libre franchissement des frontières intérieures par tous les ressortissants des États membres et dans la libre circulation des marchandises et des services* ».

Cet accord de Schengen comporte 33 articles qui sont répartis en deux titres (titre I « Mesures applicables à court terme », titre II « Mesures applicables à long terme »). Il indique qu'il sera appliqué à titre provisoire à compter du jour suivant celui de sa signature, c'est-à-dire le 15 juin 1985. Il précise également qu'il entrera en vigueur trente jours après le dépôt du dernier instrument de ratification ou d'approbation. Le Gouvernement du Grand-Duché du Luxembourg est dépositaire de l'accord de Schengen. Il a vocation à remettre une copie certifiée conforme à chacun des gouvernements des autres États signataires.

LE CONTENU DU TRAITÉ

Il prévoit la libre circulation des personnes au sein de l'espace Schengen, une coopération policière et judiciaire et une harmonisation des règles d'entrée et de séjour des ressortissants de pays tiers. En matière de circulation des personnes, les parties contractantes « *chercheront à supprimer les contrôles aux frontières communes et à les transférer à leurs frontières externes. À cette fin, elles s'efforceront préalablement d'harmoniser, si besoin est, les dispositions législatives et réglementaires relatives aux interdictions et restrictions qui fondent les contrôles et de prendre des mesures complémentaires pour la sauvegarde de la sécurité et pour faire obstacle à l'immigration illégale de ressortissants d'États non-membres des communautés européennes* ».

Les pays signataires doivent chercher à harmoniser des législations et réglementations en particulier en matière de stupéfiants, en matière d'armes et d'explosifs et en ce qui concerne la déclaration des voyageurs dans les hôtels. Ils s'efforceront également d'harmoniser leurs politiques en matière de visa ainsi que les conditions d'entrée sur leurs territoires.

L'APPLICATION DU TRAITÉ

L'accord de Schengen, qui ***est entré en vigueur le 2 mars 1986***, a représenté une première forme de « ***coopération renforcée*** ». Cet accord signé par un groupe pionnier d'États de l'UE cherche à supprimer progressivement les contrôles aux frontières communes et à garantir la libre circulation pour tous les ressortissants des États signataires. Ils peuvent voyager sans avoir à montrer leur passeport, avec une simple carte d'identité.

Les différentes modalités d'application de l'accord seront par la suite transcrites dans la ***Convention d'application de l'accord de Schengen*** du 14 juin 1985 qui sera signée le 19 juin 1990 et qui n'entrera en vigueur qu'en 1995.

Fragilisée depuis 2015 par la crise migratoire et la menace terroriste, la libre circulation à l'intérieur des frontières des pays signataires des accords de Schengen constitue l'un des piliers du projet européen.

6 L'ACTE UNIQUE EUROPÉEN DE 1986

Ce traité, qui comporte de nombreuses avancées institutionnelles, a fixé au 1er janvier 1992 la réalisation du marché unique européen.

L'ORIGINE HISTORIQUE DU TRAITÉ

Il s'est inspiré des travaux du ***Comité Dooge*** qui fut chargé de présenter des propositions sur les questions institutionnelles et la coopération politique. Ce comité *ad hoc* avait été constitué à la suite du Conseil européen de Fontainebleau de juin 1984.

On soulignera que le ***Livre blanc*** sur le marché intérieur de 1985 a notamment conduit à l'adoption de l'Acte unique. Il a été rédigé par la Commission européenne présidée par Jacques Delors dans le but de permettre une nouvelle impulsion politique et économique de la construction de l'Europe. Le Livre Blanc contenait les 279 propositions de directives nécessaires à l'achèvement du marché unique.

C'est le ***Conseil européen de Milan*** des 28 et 29 juin 1985 qui a convoqué une conférence intergouvernementale (CIG) chargée d'amender le traité de Rome et d'élaborer « *un traité sur une politique étrangère et de sécurité commune* ». Cette CIG, qui s'est ouverte à Luxembourg le 9 septembre 1985, a transmis un projet de traité au Conseil européen de Luxembourg de décembre 1985. Ce Conseil européen parviendra à un accord politique qui ouvrira la voie à l'adoption de l'Acte unique européen.

LA FORME DU TRAITÉ

L'Acte unique a été signé les ***17 et 28 février 1986 à Luxembourg et à La Haye par douze pays membres*** (Belgique, RFA, Espagne, France, Irlande, Luxembourg, Pays-Bas, Portugal, Royaume-Uni, Danemark, Italie, Grèce).

Il doit sa dénomination au fait « *qu'il réunit dans le même instrument des dispositions relatives à la Communauté économique et à la coopération politique, préfigurant la future Union européenne qui devra couvrir l'ensemble du spectre de l'intégration et de la coopération* » (Robert Toulemon). En effet, ce texte « composite » comporte à la fois des dispositions relatives à la coopération politique en matière de politique étrangère et des modifications aux traités instituant les Communautés européennes.

L'Acte unique est précédé d'un préambule qui met en évidence les deux objectifs de la révision des traités : « *améliorer la situation économique et sociale par l'approfondissement des politiques communes et par la poursuite d'objectifs nouveaux* » et « *assurer un meilleur fonctionnement des Communautés* ».

Il comporte 34 articles répartis en quatre titres. Le titre I comporte des dispositions communes à la coopération politique et aux Communautés européennes. Le titre II est lui relatif aux dispositions portant modification des traités instituant les Communautés européennes. Le titre III est consacré à la coopération européenne en matière de politique étrangère. Le titre IV contient les dispositions générales et finales.

Enfin, l'Acte unique, qui s'accompagne d'une série de déclarations adoptées par la conférence des représentants des gouvernements des États membres convoquée à Luxembourg le 9 septembre 1985, précise qu'il devra être ratifié par les « Hautes Parties contractantes » conformément à leurs règles constitutionnelles respectives. Les instruments de ratification devront être déposés auprès du gouvernement de la République italienne.

Le traité indique qu'***il entrera en vigueur le premier jour du mois suivant le dépôt de l'instrument de ratification de l'État signataire*** qui procédera le dernier à cette formalité.

LE CONTENU DU TRAITÉ

L'Acte unique européen, qui a constitué ***la première modification importante des traités fondateurs des Communautés européennes***, est venu apporter des améliorations institutionnelles non négligeables.

Il a institutionnalisé l'existence du ***Conseil européen*** qui est un vecteur efficace de la construction européenne. Sa composition est définie dans le texte de l'Acte unique. Il réunit les chefs d'États et de gouvernement des pays membres et le président de la Commission.

Il a étendu le champ d'application du vote à la ***majorité qualifiée*** au sein du ***Conseil***. Il a instauré une procédure de « ***coopération*** » entre le Parlement européen et le Conseil, procédure destinée à associer plus étroitement l'Assemblée européenne au processus normatif. Il a généralisé le principe de la délégation des compétences d'exécution par le Conseil à la Commission européenne. Il a prévu l'instauration d'une ***juridiction de première instance*** adjointe à la Cour de justice qui est destinée à soulager la tâche de la Cour.

L'Acte unique européen a cherché à relancer l'activité communautaire en prévoyant notamment la réalisation effective d'un grand marché intérieur pour le 31 décembre 1992. Ce marché intérieur est défini comme « *un espace sans frontières intérieures dans lequel la libre circulation des marchandises, des personnes, des services et des capitaux est assurée selon les dispositions du traité* ».

L'Acte unique vient créer de ***nouvelles compétences communautaires***. Il élargit les compétences de la Communauté aux domaines de la recherche, de l'environnement, du développement technologique, de la politique régionale et de la politique sociale.

Par ailleurs, l'Acte unique présente des dispositions nouvelles relatives à la ***coopération européenne en matière de politique étrangère***. Les Hautes parties contractantes s'engagent « *à s'informer mutuellement et à se consulter sur toute question de politique étrangère ayant un intérêt général, afin d'assurer que leur influence combinée s'exerce de la manière la plus efficace par la concertation, la convergence de leurs positions et la réalisation d'actions communes* ».

Enfin, l'Acte unique européen comporte des dispositions concernant la ***capacité monétaire*** de la Communauté, c'est-à-dire la coopération dans le domaine de la politique économique et monétaire.

L'APPLICATION DU TRAITÉ

L'Acte unique, qui est entré en vigueur le 1er juillet 1987, est venu relancer l'activité communautaire. Il a permis incontestablement de redonner vigueur à la construction européenne qui connaissait, à l'époque, une période « ***d'europessimisme*** ». Il a modifié les traités instituant les Communautés européennes pour relancer l'intégration européenne. Il est d'ailleurs à l'origine de la première révision d'ensemble du traité de Rome. Il a instauré la coopération politique au niveau européen et a permis la transformation du marché commun en un marché unique sans frontières intérieures. Par la suite, le traité de Lisbonne est venu inclure le marché intérieur parmi les compétences partagées entre l'UE et les pays membres.

L'entrée en vigueur de l'Acte unique européen a officialisé le titre de « ***Parlement européen*** » qu'utilisait l'Assemblée parlementaire depuis 1962. L'Acte unique a notamment renforcé ses compétences législatives avec l'introduction des procédures de coopération et d'avis conforme. Il a également consacré l'existence du Conseil européen comme moteur de la construction européenne.

Par ailleurs, l'Acte unique a facilité la prise de décision au sein du Conseil en rendant plus fréquent le recours à la majorité qualifiée. Depuis l'Acte unique européen, de moins en moins de décisions nécessitent une adoption à l'unanimité.

Enfin, en procédant à une extension du champ d'action communautaire et en modifiant les règles de fonctionnement des institutions, l'Acte unique a ouvert la voie de l'intégration politique et de l'Union économique et monétaire (UEM) qui sera mise en place par le traité de Maastricht.

7 LA CONVENTION D'APPLICATION DE L'ACCORD DE SCHENGEN (CONVENTION DE SCHENGEN) DE 1990

Elle prévoit des mesures compensatoires qui cherchent à garantir, suite à la suppression des contrôles aux frontières intérieures, un espace unique de sécurité et de justice. Ces mesures portent en particulier sur l'harmonisation des dispositions concernant l'entrée et les séjours de courte durée d'étrangers dans « l'espace Schengen » (visa Schengen uniforme).

L'ORIGINE HISTORIQUE DU TRAITÉ

L'Accord de Schengen de juin 1985, qui apparaissait en réalité comme un catalogue de mesures à adopter, était difficilement applicable et devait être précisé. C'est l'objet de la Convention d'application de l'accord de Schengen qui, comme ce dernier, n'a pas été conclue dans le cadre des Communautés.

LA FORME DU TRAITÉ

La Convention de Schengen a été signée le ***19 juin 1990 par la République fédérale d'Allemagne, la France, la Belgique, le Luxembourg et les Pays-Bas***. Ce traité intergouvernemental comporte 142 articles répartis en 8 titres (« définitions », « suppression des contrôles aux frontières intérieures et circulation des personnes », « police et sécurité », « système d'information Schengen », « transport et circulation des marchandises », « protection des données à caractère personnel », « comité exécutif », « dispositions finales »). Il indique qu'il entrera en vigueur le premier jour du deuxième mois qui suit le dépôt du dernier instrument de ratification. Les instruments de ratification seront déposés auprès du Gouvernement du Grand-Duché de Luxembourg, lequel notifiera le dépôt à toutes les parties contractantes.

Tout État membre des Communautés européennes peut devenir partie à la Convention de Schengen. L'adhésion fera l'objet d'un accord entre cet État et les parties contractantes. Cet accord sera soumis à ratification, approbation ou acceptation par l'État adhérent et chacune des parties contractantes.

LE CONTENU DU TRAITÉ

L'espace Schengen assure le libre franchissement des frontières intérieures : « *les frontières intérieures peuvent être franchies en tout lieu sans qu'un contrôle des personnes soit effectué* ». En contrepartie, les États doivent remplir une série d'obligations portant sur le renforcement des frontières extérieures (qui ne sont pas seulement terrestres mais aussi portuaires et aéroportuaires) et l'amélioration de la coopération judiciaire et policière. Le ***Système d'information Schengen (SIS)*** est une base de données informatique qui permet aux autorités responsables des États d'échanger des données sur certaines catégories de personnes et de biens.

L'article 2.2 de la Convention autorise un pays à rétablir temporairement les contrôles à sa frontière pour des motifs de « *sécurité nationale* ». En effet, « *lorsque l'ordre public ou la sécurité nationale l'exigent, une Partie Contractante peut, après consultation des autres Parties Contractantes, décider que, durant une période limitée, des contrôles frontaliers nationaux adaptés à la situation seront effectués aux frontières intérieures. Si l'ordre public ou la sécurité nationale exigent une action immédiate, la Partie Contractante concernée prend les mesures nécessaires et en informe le plus rapidement possible les autres Parties Contractantes* ».

La gestion de la Convention est confiée à un ***Comité exécutif***. Chacune des parties contractantes dispose d'un siège au sein de ce Comité, lequel est chargé de veiller à « l'application correcte » de la Convention.

L'APPLICATION DU TRAITÉ

L'accord de Schengen, signé en 1985 par la France, l'Allemagne et les trois pays du Benelux, puis étendu aux autres États membres de l'UE, à l'exception de la Grande-Bretagne et de l'Irlande, est entré progressivement en application depuis 1995. L'espace Schengen, qui ***permet à plus de 400 millions de citoyens de circuler librement dans l'Union européenne sans devoir montrer leurs passeports***, regroupe actuellement 22 États membres de l'UE. Depuis le 21 décembre 2007, l'espace Schengen sans contrôles aux frontières s'est élargi à huit États d'Europe centrale (les États Baltes, la Pologne, la République tchèque, la Slovaquie, la Hongrie, la Slovénie) ainsi qu'à Malte. Quatre pays extérieurs à l'Union européenne ont également intégré l'espace Schengen : l'Islande et la Norvège (1999), la Suisse (2008) et le Liechtenstein (2011).

L'Acquis de Schengen a été intégré dans le cadre de l'UE *via* un ***protocole annexé au traité d'Amsterdam***. Depuis 1999, les attributions du Comité exécutif sont exercées par le Conseil. Partie intégrante du droit communautaire, l'espace Schengen a ensuite été renforcé par le traité de Lisbonne en 2007 pour en faire un « *espace de liberté, de sécurité et de justice* ».

En décembre 2010, la France et l'Allemagne ont décidé de bloquer pour des raisons de sécurité l'entrée à court terme de la Bulgarie et de la Roumanie dans l'espace Schengen sans frontières, marquant ainsi une volonté de mieux maîtriser désormais l'élargissement de l'UE. En juin 2011, plusieurs pays dont la France, l'Allemagne, les Pays-Bas et le Danemark ont plaidé pour un nouveau report de l'entrée de la Roumanie et de la Bulgarie dans Schengen. Le 22 septembre 2011, les demandes d'adhésion de la Bulgarie et de la Roumanie ont été une nouvelle fois rejetées en raison de l'opposition de la Finlande et des Pays-Bas. Face à la menace d'un veto allemand, Sofia et Bucarest ont renoncé en mars 2013 à introduire une nouvelle demande d'adhésion.

Toute nouvelle adhésion doit être approuvée par une décision unanime des pays membres de la zone de libre circulation.

On observera que le ***Code communautaire relatif au régime de franchissement des frontières par les personnes (Code frontières Schengen)*** permet aux États membres de réintroduire temporairement le contrôle à leurs frontières intérieures « *en cas de menace grave à leur ordre public ou à leur sécurité intérieure* » (pour 6 mois maximum ou 2 ans en cas de circonstances exceptionnelles), et après consultation des autres États du groupe Schengen. Le 17 avril 2011, Paris a bloqué durant quelques heures le trafic ferroviaire en provenance de l'Italie, ce que Rome a dénoncé comme une violation des accords de Schengen. La Commission européenne a donné raison à Paris, qui s'appuyait sur l'article 25 du Code frontière Schengen, craignant des troubles à l'ordre public, en raison de la présence de manifestants voulant accompagner en France les immigrés tunisiens.

Depuis l'été 2015, l'afflux de migrants et la menace terroriste ont conduit de nombreux pays à rétablir des contrôles à leurs frontières.

Le 4 avril 2018, la Commission européenne a déclaré que la France lui a indiqué qu'elle allait prolonger les contrôles aux frontières intérieures jusqu'à fin octobre 2018, en raison de la persistance de la menace terroriste. Ces contrôles réintroduits après les attentats du 13 novembre 2015 ont été reconduits depuis par périodes de six mois. L'arrêt du 28 décembre 2017 (*Association nationale d'assistance aux frontières pour les étrangers et autres*) du Conseil d'État a confirmé la légalité de la décision gouvernementale du 3 octobre 2017 réintroduisant un contrôle aux frontières intérieures de l'espace Schengen, du 1er novembre 2017 au 30 avril 2018.

Par ailleurs, un ***système d'information Schengen de deuxième génération (SIS II)*** est entré en vigueur en avril 2013. Il vise à « renforcer la sécurité et à faciliter la libre circulation au sein de l'espace Schengen » en facilitant notamment « *l'échange d'informations entre les autorités nationales chargées des contrôles aux frontières, les autorités douanières et la police, concernant des personnes susceptibles d'avoir participé à des actes criminels graves* ».

Le 23 octobre 2013, le Conseil a adopté le règlement portant création du système européen de surveillance des frontières, baptisé ***Eurosur***, lequel a pour but de renforcer les contrôles aux frontières extérieures de l'espace Schengen.

Basée à Varsovie, ***l'agence européenne des garde-côtes et garde-frontières*** (Frontex) est opérationnelle depuis le 6 octobre 2016. Elle a pour mission de surveiller les frontières extérieures de l'UE. Elle coopère étroitement avec les pays membres afin d'identifier rapidement toute menace portée à la sécurité des frontières extérieures de l'UE et d'y apporter une réponse rapide.

8 LE TRAITÉ DE MAASTRICHT SUR L'UNION EUROPÉENNE DE 1992

Il est venu modifier et compléter les traités antérieurs, notamment le traité de Rome instituant la Communauté européenne de 1957 et l'Acte unique européen.

L'ORIGINE HISTORIQUE DU TRAITÉ

C'est le ***Conseil européen de Dublin*** en juin 1990 qui a pris la décision de convoquer deux conférences intergouvernementales, l'une sur l'Union économique et monétaire, l'autre sur l'Union politique. Ces deux CIG se sont ouvertes le 15 décembre 1990. Un an plus tard, le 11 décembre 1991, les Douze sont parvenus à Maastricht (Pays-Bas) à un accord politique sur le nouveau traité ; un traité créant l'union économique et monétaire.

LA FORME DU TRAITÉ

Le traité de Maastricht sur l'Union européenne a été signé le 7 février 1992 par les ministres des Affaires étrangères des 12 pays membres de la Communauté européenne (République fédérale d'Allemagne, Belgique, Danemark, Espagne, France, Royaume-Uni, Grèce, Irlande, Italie, Luxembourg, Pays-Bas, Portugal).

C'est un texte long comportant un préambule, 7 titres, 17 protocoles et 33 déclarations. Les protocoles sur les statuts du système européen de banques centrales (SEBC) et de la Banque centrale européenne figurent parmi les protocoles les plus importants. Parmi les déclarations les plus importantes, on retiendra la déclaration sur la coopération policière et celle relative à l'Union de l'Europe occidentale (UEO).

La structure du traité de Maastricht, qui constitue une nouvelle phase dans le processus d'unification, est complexe. Elle est révélatrice de l'hostilité de plusieurs États à accepter des abandons de souveraineté dans les domaines régaliens.

Le traité de Maastricht, qui marque la fin de la « ***méthode communautaire*** » suivie depuis les années 1950, repose sur trois piliers d'importance inégale :

- ***la révision des trois traités communautaires*** : les traités CEE, CECA et EURATOM (Titres II, III et IV) ;
- ***la politique étrangère et de sécurité commune*** (PESC) (Titre V) ;
- ***la coopération dans les domaines de la justice et des affaires intérieures*** (JAI) (Titre VI).

L'Union européenne, qui n'a pas la personnalité juridique, est constituée par ces trois piliers.

Le ***premier pilier*** est le pilier originel. Il est régi par le droit européen sous le contrôle de la Cour de Justice de Luxembourg. Il est notamment constitué par la Communauté européenne (CE). Notons que le traité de Maastricht a ainsi remplacé la CEE (Communauté économique européenne) par la CE. Ce premier pilier comprend également l'Union économique et monétaire. C'est le pilier spécifiquement communautaire.

En revanche, les ***deux autres piliers*** fonctionnent sur une simple base ***intergouvernementale***. Cela signifie que les matières qu'ils englobent ne sont pas « ***communautarisées*** ». Il n'y a donc pas de délégation de souveraineté sur ces questions. Une communautarisation partielle et progressive (sur cinq ans) du troisième pilier sera prévue par la suite par le traité d'Amsterdam.

La coopération des États membres en matière de ***justice et d'affaires intérieures (JAI)*** concerne la politique de l'asile, les règles régissant le franchissement des frontières extérieures des États membres, la politique de l'immigration et la politique à l'égard des ressortissants de pays tiers, la lutte contre la toxicomanie, la lutte contre la fraude de dimension internationale, la coopération judiciaire en matière civile et pénale, la coopération douanière et la coopération policière en vue de la prévention et de la lutte contre le terrorisme, le trafic de drogue et d'autres formes graves de criminalité internationale. Cette coopération renforcée des États membres dans le domaine de la *JAI* est la conséquence de l'établissement d'un espace européen sans frontières intérieures.

Le titre premier du traité de Maastricht regroupe les « dispositions communes » aux trois piliers. Il indique que le traité sur l'Union européenne « *marque une nouvelle étape dans le processus créant une union sans cesse plus étroite entre les peuples de l'Europe, dans laquelle les décisions sont prises le plus près possible des citoyens* ». Il précise aussi que « *l'Union est fondée sur les Communautés européennes complétées par les politiques et formes de coopération instaurées par le présent traité. Elle a pour mission d'organiser de façon cohérente et solidaire les relations entre les États membres et entre leurs peuples* ».

Il détermine les différents objectifs de l'Union européenne : la promotion d'un progrès économique et social équilibré et durable, le renforcement de la protection des droits et intérêts des ressortissants des États membres par l'instauration d'une citoyenneté de l'Union, le développement d'une coopération étroite dans les domaines de la justice et des affaires intérieures, le maintien intégral et le développement de l'acquis communautaire, l'affirmation de l'identité de l'Union sur la scène internationale.

Enfin, le traité, qui ***est conclu pour une durée illimitée***, précise qu'il doit être ratifié par les Hautes parties contractantes conformément à leurs règles constitutionnelles respectives. Il indique également qu'il entrera en vigueur le 1er janvier 1993, à condition que tous les instruments de ratification aient été déposés ou, à défaut, le premier jour du mois suivant le dépôt de l'instrument de ratification de l'État signataire qui procédera le dernier à cette formalité.

LE CONTENU DU TRAITÉ

Le traité vient élargir le champ de compétence de l'***Europe communautaire***. Les nouvelles matières qui entrent désormais dans le champ d'intervention de la Communauté sont la politique industrielle, les grands réseaux transeuropéens de transport, la protection des consommateurs, l'éducation, la formation professionnelle, la culture et la santé publique.

Par ailleurs, le traité de Maastricht introduit « ***le principe de subsidiarité*** » afin de garantir une meilleure répartition des prises de décision entre les niveaux communautaire, national et régional.

Mais ce principe ne s'applique pas dans les matières où la compétence communautaire est déjà exclusive.

Selon l'article B du traité de Maastricht, « *l'Union se donne pour objectif d'affirmer son identité sur la scène internationale, notamment par la mise en œuvre d'une politique étrangère et de sécurité commune, y compris la définition à terme d'une politique de défense commune, qui pourrait conduire le moment venu à une défense commune* ». Le traité de Maastricht vient ici prolonger l'Acte unique européen qui avait, dans son Titre III, formalisé la « *coopération européenne en matière de politique étrangère* ». Les instruments de la ***politique étrangère et de sécurité commune (PESC)*** sont au nombre de deux : la « ***coopération systématique*** » entre les États membres pour la conduite de leur politique et la mise en œuvre graduelle d'« ***actions communes*** » dans les secteurs où les États membres ont des intérêts importants en commun.

Le traité de Maastricht reconnaît la ***citoyenneté européenne*** à toute personne qui a la nationalité d'un pays membre de l'UE. Cette citoyenneté comporte le droit de vote et d'éligibilité aux élections municipales et européennes pour les citoyens de l'Union résidant dans un pays membre dont ils ne sont pas les ressortissants. Ces derniers bénéficient également de la protection diplomatique et consulaire de n'importe lequel des États de l'UE dans un État tiers où leur propre pays ne serait pas représenté. Ils ont le droit de circuler et de séjourner librement sur le territoire des États membres. Ils disposent par ailleurs d'un droit de pétition devant le Parlement européen et de la faculté d'adresser des plaintes au médiateur européen. La mise en place d'une citoyenneté européenne va dans le sens du fédéralisme. Cette citoyenneté de l'Union, qui vient concurrencer les citoyennetés nationales, apparaît comme l'innovation « constitutionnelle » majeure du traité de Maastricht.

Le traité vient accroître les compétences du ***Parlement européen*** et cela dans le prolongement de l'Acte unique. Il permet l'extension du rôle législatif de l'Assemblée de Strasbourg et renforce son contrôle sur le budget communautaire. Il instaure la procédure dite de « codécision » qui donne le pouvoir au Parlement d'arrêter des actes conjointement avec le Conseil. Il élargit le recours au vote à la majorité qualifiée au sein de ce dernier.

Le traité introduit aussi un vote d'approbation par le Parlement européen pour la désignation de la ***Commission européenne***.

Le traité de Maastricht a créé le ***Médiateur*** qui est élu par le Parlement européen après chaque élection du Parlement et pour la durée de la législature. Le médiateur est chargé d'examiner les plaintes à l'encontre des institutions, organes et agences de l'Union européenne.

Il a également créé le ***Comité de régions*** qui a vocation à garantir la représentation des collectivités infra-étatiques au niveau communautaire et à les faire participer à l'élaboration des politiques communautaires.

Le traité instaure l'***Union économique et monétaire (UEM)*** qui se caractérise par la création d'une monnaie européenne unique, l'euro, gérée par une ***Banque centrale européenne*** indépendante.

L'UEM doit se réaliser en trois étapes successives. La première étape avait en réalité débuté le 1er juillet 1990, date d'entrée en vigueur de la directive du 24 juin 1988 qui prévoit la libéralisation des mouvements de capitaux à l'intérieur de la Communauté. La deuxième étape permet une coordination renforcée des politiques économiques des États membres, elle a commencé le 1er janvier 1994 avec la création de l'Institut monétaire européen (IME) auquel la BCE succédera. La dernière étape, qui devait intervenir selon le traité au plus tard le 1er janvier 1999, est celle de l'introduction de l'euro comme monnaie unique.

Les ***critères de convergence économique*** que doivent satisfaire les pays membres de l'UE pour adhérer à l'euro sont précisés dans les protocoles annexés au traité de Maastricht :

- un budget déficitaire inférieur à 3 % du Produit intérieur brut (PIB) ;
- une dette publique brute n'excédant pas 60 % du PIB ;
- une inflation ne dépassant pas de plus de 1,5 % celle des trois pays de l'UE obtenant les meilleurs résultats en matière de stabilité des prix ;
- des monnaies respectant pendant deux ans au moins les marges normales de fluctuation prévues par le système monétaire européen (SME) ;
- des taux d'intérêt à long terme ne dépassant pas de plus de 2 % celui des trois États membres ayant les meilleurs résultats en matière de stabilité des prix.

Le traité de Maastricht interdit par ailleurs toute solidarité financière au sein de la zone euro. Cette clause a été introduite dans le traité à la demande de l'Allemagne qui ne souhaitait pas être placée dans l'obligation de payer pour l'indiscipline budgétaire des pays du sud de l'Union monétaire.

L'APPLICATION DU TRAITÉ

Le processus de ratification du traité, qui est entré vigueur le ***1er novembre 1993***, a été difficile. Le traité a été rejeté par les Danois lors d'un premier référendum (2 juin 1992) avant d'être finalement ratifié par le Danemark lors d'un second référendum (18 mai 1993). En France, il a été ratifié d'une courte majorité à la suite du référendum du 20 septembre 1992, lequel a favorisé l'apparition du courant souverainiste.

Force est de reconnaître que ce traité a constitué ***un véritable tournant dans l'histoire de la construction européenne***. Il a institué une Union européenne qui présente deux volets essentiels : d'une part l'***Union politique*** et, d'autre part, l'***Union économique et monétaire*** qui est la consécration du processus d'intégration économique commencé en 1951 avec l'instauration de la CECA. Le 1er janvier 2002, le passage à l'euro s'est achevé avec l'introduction des billets et des pièces en euros. Les États membres de l'UE qui participent à la zone euro sont : l'Allemagne, l'Autriche, la Belgique, Chypre, l'Espagne, l'Estonie, la Finlande, la France, la Grèce, l'Irlande, l'Italie, le Luxembourg, Malte, les Pays-Bas, le Portugal, la Slovaquie, la Slovénie, la Lettonie et la Lituanie.

Le Royaume-Uni et le Danemark ont négocié une clause d'exemption (« opting out ») leur permettant de passer à l'euro au moment de leur choix, à condition de respecter simultanément les cinq critères de convergence.

Le « ***Pacte de stabilité et de croissance*** », qui sera adopté par le Conseil européen d'Amsterdam en juin 1997, viendra prolonger les effets de ces critères de convergence puisqu'il contraint les États participant à la monnaie unique européenne à maintenir, après le 1er janvier 1999, les déficits publics dans les mêmes limites que celles constatées avant l'entrée dans l'Euro. Les pays qui ne le respectent pas s'exposent à des sanctions et peuvent obtenir moins facilement des prêts de la Banque européenne d'investissement (BEI).

Ce Pacte de discipline budgétaire a été réformé en 2011 pour permettre de sanctionner plus facilement les pays laxistes en matière budgétaire. D'autres dispositifs (le « two pack » entré en vigueur en 2013, le « six pack » et le « semestre européen » mis en place en 2011) seront ensuite adoptés pour compléter le traité et renforcer la gouvernance économique de la zone euro. On remarquera par ailleurs que ce traité n'a pas envisagé la possibilité pour un pays de sortir de la zone euro et n'a donc pas organisé de procédure de retrait volontaire de la zone euro.

On retiendra que le traité de Maastricht, qui est à l'origine de nouvelles institutions (le ***Comité de régions*** et le ***Médiateur***), renforce à nouveau le rôle du ***Parlement européen*** qu'il associe à la procédure d'investiture de la Commission européenne.

Par ailleurs, force est de reconnaître que la ***PESC*** introduite par le traité de Maastricht est demeurée balbutiante dans ses aspects diplomatiques comme dans son volet militaire. Le conflit bosniaque a été à cet égard très significatif. La PESC a essuyé un camouflet à l'occasion de la crise irakienne, laquelle a souligné les divisions de l'Europe en opposant le couple franco-allemand, hostile à la démarche américaine face à l'Irak, à huit dirigeants de pays de l'UE (Royaume-Uni, Espagne, Italie, Portugal, Danemark) et de pays candidats (République Tchèque, Hongrie, Pologne) qui ont rendu public, le 30 janvier 2003, un appel pour réaffirmer l'importance de la relation transatlantique avec les États-Unis.

9 LE TRAITÉ D'AMSTERDAM DE 1997

Ce traité, qui est l'aboutissement de deux années de négociation, représente une nouvelle étape dans la construction européenne après le traité de Maastricht.

L'ORIGINE HISTORIQUE DU TRAITÉ

Le traité d'Amsterdam se distingue du traité de Rome, de l'Acte unique européen ou du traité sur l'Union européenne dans la mesure où il ne constitue pas « *un acte autonome* ». Son champ était effectivement déterminé par le traité de Maastricht qui avait lui-même prévu dans son titre VII qu'une ***conférence intergouvernementale*** (CIG) devait intervenir afin d'examiner un certain nombre de questions.

Cette CIG avait vocation à compléter et à aménager le traité de Maastricht en fonction de l'expérience acquise depuis son entrée en vigueur, le 1er janvier 1993 : « *une conférence des représentants des gouvernements des États membres sera convoquée en 1996 pour examiner (...) les dispositions du présent traité pour lesquelles une révision est prévue* ».

Cette fameuse CIG s'est ouverte à Turin en mars 1996 et s'est clôturée lors du Conseil européen d'Amsterdam des 16 et 17 juin 1997. Elle a débouché sur l'adoption du traité d'Amsterdam.

LA FORME DU TRAITÉ

Le traité d'Amsterdam modifiant le traité sur l'Union européenne, les traités instituant les Communautés européennes et certains actes connexes a été adopté en juin 1997 par les chefs d'État et de gouvernement des Quinze (Allemagne, Belgique, Danemark, Espagne, France, Royaume-Uni, Grèce, Irlande, Italie, Luxembourg, Pays-Bas, Portugal, Autriche, Finlande, Suède) puis signé le ***2 octobre 1997***.

Ce traité, qui comporte 15 articles, maintient la structure institutionnelle en trois piliers introduite par le traité de Maastricht. Il est complété par un acte final et s'accompagne de 13 protocoles additionnels et de 59 déclarations annexes.

Il comporte trois parties. La première partie est consacrée aux « modifications de fond », la deuxième partie à la « simplification » et la troisième partie est relative aux « dispositions générales et finales ».

Les articles, les titres et les sections du traité sur l'Union européenne et du traité instituant la Communauté européenne sont renumérotés conformément aux tableaux des équivalences annexés au traité d'Amsterdam.

Par ailleurs, le traité indique qu'il sera ratifié par les Hautes parties contractantes conformément à leurs règles constitutionnelles respectives et que les instruments de ratification seront déposés auprès du gouvernement de la République italienne.

Il précise qu'***il entrera en vigueur le premier jour du deuxième mois suivant le dépôt de l'instrument de ratification de l'État signataire*** qui procédera le dernier à cette formalité.

LE CONTENU DU TRAITÉ

Le traité a permis la ***communautarisation*** d'un certain nombre de politiques – qui relevaient jusque-là de la coopération intergouvernementale – en matière de sécurité intérieure et de justice (politique d'asile, visas, immigration...). Notons qu'il ne communautarise pas la coopération policière et la coopération judiciaire en matière pénale.

Le traité donne la possibilité à certains pays membres (huit au minimum) d'approfondir la construction européenne dans tel ou tel secteur en développant entre eux une « *coopération renforcée* ». Il permet effectivement aux États membres qui le veulent d'aller de l'avant sans attendre les retardataires sous certaines conditions très strictes.

Le traité a de nouveau renforcé le rôle du ***Parlement européen***. Il a permis une simplification de la procédure de ***codécision*** ainsi qu'un élargissement de son domaine d'application. Le Parlement européen peut désormais élaborer une « ***procédure uniforme*** » pour l'élection de ses députés ou, à défaut, instituer des « ***principes communs*** » à tous les pays membres.

L'Assemblée strasbourgeoise a aussi obtenu une procédure d'avis conforme sur les sanctions applicables à un pays membre en cas de violation des droits fondamentaux.

Le traité d'Amsterdam prévoit le renforcement de la politique sociale et la création d'une politique de l'emploi. Il consacre la promotion d'un niveau d'emploi élevé comme un des objectifs de l'UE.

Le traité, qui a précisé que « *la citoyenneté de l'Union complète la citoyenneté nationale et ne la remplace pas* », vient renforcer les ***droits du citoyen européen***. Aux termes du traité, « *l'Union est fondée sur les principes de la liberté, de la démocratie, du respect des droits de l'homme et des libertés fondamentales, ainsi que de l'État de droit, principes qui sont communs aux États membres* ». En cas de violation de ces principes par un État membre, ce dernier peut faire l'objet de sanctions. L'UE peut prendre les mesures nécessaires pour combattre « *toute discrimination fondée sur le sexe, la race ou l'origine ethnique, la religion ou les convictions, un handicap, l'âge ou l'orientation sexuelle* ». Le traité favorise l'application du principe de l'égalité de traitement entre hommes et femmes dans le domaine de l'emploi.

Enfin, il a prévu la mise en œuvre de « ***stratégies communes*** » afin de poursuivre les objectifs de l'UE dans le domaine de la Politique étrangère et de sécurité commune (PESC). Il a fait du secrétaire général du Conseil le ***Haut représentant pour la politique étrangère et de sécurité commune***. L'unité de planification de la politique et d'alerte rapide, qui doit permettre à l'UE de réagir plus rapidement à l'actualité internationale, a été placée sous sa responsabilité.

L'APPLICATION DU TRAITÉ

Le traité d'Amsterdam, qui a été conclu pour une durée illimitée, est entré en vigueur le 1er mai 1999 après ratification par les États membres. Il s'est contenté d'amender et de compléter les traités communautaires existants. Il a modifié le traité instituant la Communauté européenne et a révisé le traité de Maastricht qui avait lui-même prévu sa propre révision dans l'une de ses dispositions. Ce traité d'Amsterdam, qui a consolidé les trois grands piliers sur lesquels l'UE fonde son action depuis l'entrée en vigueur du traité de Maastricht, a aussi procédé à une renumérotation des articles du traité sur l'Union européenne et du traité instituant la Communauté européenne.

Le traité d'Amsterdam, qui crée « ***un espace de liberté, de sécurité et de justice*** » à l'intérieur de l'Union européenne, intègre la Convention de Schengen dans le cadre institutionnel unique de l'UE (voir Fiche 7). Il a aussi consolidé la dimension sociale de l'UE.

Le ***Parlement européen*** est apparu comme le grand gagnant du Conseil européen d'Amsterdam qui a été considéré comme un échec. En effet, il tend à devenir un « ***vrai législateur*** » dans la mesure où la procédure de codécision – qui lui accorde un droit de veto sur les directives européennes et qui s'appliquait à une dizaine de matières – est étendue à 23 nouveaux domaines.

Par ailleurs, on remarquera que le traité d'Amsterdam a permis à tout individu de saisir la Cour de justice pour des actes des institutions qu'il estime contraires aux droits fondamentaux.

De plus, une disposition introduite par le traité permet de suspendre un État de certains de ses droits, notamment de son droit de vote au sein du Conseil, en cas de violation grave et persistante des principes fondamentaux de l'UE. Elle peut s'appliquer en cas de violation avérée, mais également de risque de violation des valeurs de l'Union. En décembre 2017, la Commission européenne a déclenché cette procédure, encore jamais utilisée, contre le gouvernement polonais, estimant qu'« *il y a un risque clair d'une violation grave de l'État de droit en Pologne* ».

Enfin, on observera que l'Espagnol Javier Solana a été choisi, en juin 1999, pour être le premier « *Monsieur PESC* » de l'UE. Il a occupé le poste de Haut représentant pour la politique étrangère et de sécurité commune (PESC) pendant dix ans. Son action s'est surtout concentrée sur les opérations de gestion de crise.

Cela étant admis, force est de reconnaître que lors du Conseil européen d'Amsterdam, en juin 1997, les Quinze ne sont pas arrivés à s'entendre sur une réforme des institutions européennes susceptible de préparer l'UE aux futurs élargissements. Jacques Delors a d'ailleurs parlé de « *fiasco* ». Aucun résultat n'a été obtenu sur la réduction du nombre des commissaires européens et sur la réforme de la pondération des voix au Conseil, deux questions qui dominaient la CIG.

On remarquera que les pays membres de l'UE ont reconnu les faiblesses du traité d'Amsterdam qui compromet les progrès de l'Europe politique. La France, la Belgique et l'Italie ont obtenu l'annexion au traité d'une « *déclaration* » dénonçant ses insuffisances.

10 LE TRAITÉ DE NICE DE 2001

Il définit le cadre institutionnel nécessaire pour rendre possible l'entrée dans l'Union européenne des pays candidats à l'adhésion.

L'ORIGINE HISTORIQUE DU TRAITÉ

Le Conseil européen d'Helsinki des 10-11 décembre 1999 a convoqué une ***Conférence intergouvernementale*** (CIG) pour examiner des questions institutionnelles qui n'avaient pas pu être résolues lors des négociations du traité d'Amsterdam : la taille et la composition de la Commission européenne, la pondération des voix au sein du Conseil et l'extension éventuelle du vote à la majorité qualifiée ainsi que d'autres modifications en corrélation avec les questions précitées. On observera que la convocation d'une nouvelle CIG était déjà prévue dans un protocole annexé au traité d'Amsterdam. Le Conseil européen de Feira des 19-20 juin 2000 a ensuite décidé d'élargir l'ordre du jour de cette CIG à la question des coopérations renforcées. La CIG s'est ouverte le 14 février 2000 et a conclu ses travaux à Nice le 10 décembre 2000.

Le 11 décembre 2000, un accord a été trouvé au Conseil européen de Nice pour adopter un nouveau traité : le traité de Nice modifiant le traité sur l'Union européenne, les traités instituant les Communautés européennes et certains actes connexes.

LA FORME DU TRAITÉ

Il a été signé officiellement à ***Nice le 26 février 2001 par les ministres des Affaires étrangères des quinze États membres de l'UE*** (Allemagne, Belgique, Danemark, Espagne, France, Royaume-Uni, Grèce, Irlande, Italie, Luxembourg, Pays-Bas, Portugal, Autriche, Finlande, Suède). Il est composé de deux parties. La première comporte des modifications de fond, la seconde partie est consacrée aux dispositions transitoires et finales. Le traité est complété par un acte final, 4 protocoles, et 27 déclarations.

Il précise qu'il sera ratifié par les Hautes parties contractantes conformément à leurs règles constitutionnelles respectives et que les instruments de ratification seront déposés auprès du gouvernement de la République italienne. Il indique également qu'il entrera en vigueur le premier jour du deuxième mois suivant le dépôt de l'instrument de ratification de l'État signataire qui procédera le dernier à cette formalité.

LE CONTENU DU TRAITÉ

Il ne procède qu'à une ***extension limitée des votes à la majorité qualifiée*** au sein du Conseil. La fiscalité, la Sécurité sociale, la culture, la santé ou l'éducation restent des questions traitées à l'unanimité des États membres car, sur chacun de ces sujets, certains pays membres ont tenu à conserver un strict droit de veto. Le traité de Nice prévoit toutefois le passage à la majorité qualifiée pour la coopération judiciaire en matière civile, à l'exception des aspects touchant au droit de la famille. Pour certains chapitres sensibles (contrôle aux frontières extérieures, libre circulation et séjour des ressortissants des États tiers), l'application de la majorité qualifiée ne devait intervenir qu'en 2004.

Par ailleurs, le traité de Nice organise une ***nouvelle répartition des voix*** au sein du Conseil. Il prévoit effectivement une nouvelle échelle de répartition des voix allant de 3, pour Malte, à 29, pour les quatre « grands pays ». L'Espagne et la Pologne se voient reconnaître un poids quasi équivalent (27 voix chacun) de celui des quatre « grands » – Allemagne, France, Royaume-Uni, Italie – mais disproportionné avec leur population. Les « petits » États membres ont obtenu qu'un accord ne pourrait pas être pris sans l'aval de 14 États sur 27.

Le traité de Nice instaure une nouvelle clause selon laquelle les votes au Conseil devront, pour être validés, représenter 62 % de la population totale de l'UE. C'est à la demande d'un pays membre que cette vérification aura lieu. Une déclaration annexée au traité de Nice précise que cette nouvelle pondération des voix ne s'appliquera qu'à partir du 1er janvier 2005.

S'agissant de la ***composition de la Commission européenne***, les « grands pays » ont accepté de perdre leur second commissaire en 2005. Le traité a prévu que la composition de la Commission de Bruxelles sera plafonnée lorsque l'UE comptera 27 pays membres.

Le ***président de la Commission*** sera par ailleurs élu à la majorité qualifiée par les États membres. Le traité renforce ses compétences. Il obtient le pouvoir d'attribuer les portefeuilles des commissaires et de les redistribuer au cours de son mandat. Le traité lui permet également de choisir les vice-présidents et d'en fixer le nombre.

Le traité de Nice améliore le ***système juridictionnel communautaire***. Le principe de la nomination d'un juge par État membre est inscrit dans le traité. Ce dernier a permis une réorganisation de la Cour de justice en instituant « ***une grande chambre*** » présidée par le président de la Cour. Lorsqu'un État membre ou une institution partie à l'instance le demandera, la Cour siégera en « grande chambre » (15 juges). Ce sera également le cas pour les affaires particulièrement importantes. Le nombre des avocats généraux peut être augmenté par décision du Conseil statuant à l'unanimité. Avec le traité de Nice, le ***Tribunal de première instance*** est devenu compétent pour connaître des questions préjudicielles dans des matières spécifiques déterminées par le statut de la Cour de justice. Il est aussi devenu le juge de droit commun pour l'ensemble des recours directs à l'exception du recours en manquement.

Le traité de Nice renforce le rôle du ***Parlement européen***. Il peut saisir la Cour de justice de Luxembourg pour lui demander de rendre un avis sur la compatibilité d'un accord externe envisagé avec les dispositions du Traité.

Son avis conforme est nécessaire pour introduire une ***coopération renforcée*** dans un domaine couvert par la codécision. Le champ d'application de la procédure de ***codécision*** est à nouveau élargi.

Le traité modifie la composition du Parlement dans la perspective de l'élargissement : le nombre de députés européens passe de 626 à 732.

Le traité de Lisbonne fixera ensuite ce nombre d'eurodéputés à 751. On notera que le Parlement européen a adopté, le 13 juin 2018, le principe d'une réduction de son nombre total de sièges de 751 à 705 pour la législature 2019-2024.

S'agissant du Conseil européen, une déclaration annexée au traité de Nice indique que lorsque l'UE comptera 18 membres, toutes ses réunions auront lieu à Bruxelles.

Enfin, le traité facilite l'utilisation du mécanisme des « ***coopérations renforcées*** » car il vient supprimer le droit de veto qui donnait la faculté à un État membre de s'opposer à une coopération renforcée. Il ne faut plus que 8 pays membres de l'UE pour lancer une coopération renforcée contre une majorité qualifiée dans le système institué par le traité d'Amsterdam. Ce dispositif des « coopérations renforcées », qui sera à nouveau assoupli par le traité de Lisbonne, a été utilisé après l'entrée en vigueur de ce traité (divorces de couples binationaux en 2010, brevet unitaire européen en 2011, parquet européen en 2017). Ces coopérations doivent désormais associer au moins 9 pays de l'UE.

L'APPLICATION DU TRAITÉ

Le traité de Nice, qui a été ***conclu pour une durée illimitée***, est entré en vigueur le ***1er février 2003***. Si le processus de ratification n'a pas connu de difficultés majeures, le traité a toutefois été rejeté par les Irlandais lors d'un premier référendum (7 juin 2001). Il sera finalement ratifié par l'Irlande lors d'un second référendum (19 octobre 2002). Ce traité, qui était censé résoudre les « *reliquats* » d'Amsterdam, a eu pour objet d'adapter les institutions de l'UE aux contraintes de l'élargissement de l'Union. Mais de l'avis général, cet accord obtenu à l'arraché est apparu insuffisant pour garantir que l'UE puisse prendre efficacement des décisions à 27 États membres. Il a été critiqué par la plupart des pays membres ainsi que par le président de la Commission européenne. Il a aussi été contesté par une majorité de députés européens.

La déclaration sur l'avenir de l'Union souligne d'ailleurs les insuffisances du traité. Cette déclaration n° 23 annexée au traité de Nice préconise d'engager un débat large et approfondi sur l'avenir de l'UE et retient les thèmes suivants : la délimitation des compétences entre l'Union et les États membres dans le respect du principe de subsidiarité, le statut de la Charte des droits fondamentaux de l'UE qui a été proclamée officiellement en marge du Conseil européen de Nice, la simplification des traités et le rôle des Parlements nationaux dans l'architecture européenne.

11 LE TRAITÉ DE LISBONNE DE 2007

Il apporte des modifications à la fois au traité sur l'Union européenne et au traité instituant la Communauté européenne.

L'ORIGINE HISTORIQUE DU TRAITÉ

Après l'abandon du processus de ratification du TECE, le Conseil européen de juin 2007 a convoqué une nouvelle conférence intergouvernementale (CIG) chargée de rédiger un « *traité modificatif* » qui modifie les traités en vigueur. Cette CIG a débuté ses travaux le 23 juillet 2007 et les a achevés le 18 octobre 2007. À l'issue de la CIG, les chefs d'État et de gouvernement des pays membres de l'UE ont approuvé à Lisbonne le « ***traité modificatif européen*** », dit « traité de Lisbonne », lors du sommet informel des 18 et 19 octobre 2007.

LA FORME DU TRAITÉ

Le traité de Lisbonne modifiant le traité sur l'Union européenne et le traité instituant la Communauté européenne a été signé ***le 13 décembre 2007 par les 27 pays membres de l'UE*** (Allemagne, Belgique, Danemark, Espagne, France, Royaume-Uni, Grèce, Irlande, Italie, Luxembourg, Pays-Bas, Portugal, Autriche, Finlande, Suède, Chypre, Estonie, Hongrie, Lettonie, Lituanie, Malte, Pologne, République Tchèque, Slovaquie, Slovénie, Bulgarie, Roumanie). Ce traité, connu également sous le nom de « traité modificatif » ou encore de « traité simplifié », a prévu de nombreux dispositifs dérogatoires, notamment au bénéfice du Royaume-Uni.

Il ne fait qu'amender les traités existants alors que le TECE remplaçait tous les traités européens antérieurs par un texte unique. Il se borne effectivement à amender le traité sur l'Union européenne (TUE) ainsi que le traité instituant la Communauté européenne (traité CE), lequel est rebaptisé « *traité sur le fonctionnement de l'Union* » (TFUE). Le traité Euratom (TCEEA) subsiste, quant à lui, en tant que traité spécifique. Ces trois traités (TUE, TFUE, TCEEA) sont d'ailleurs complétés par 37 protocoles et explicités par 65 déclarations.

Comme le TECE, le traité de Lisbonne abandonne la fameuse ***structure institutionnelle en piliers*** héritée du traité de Maastricht et supprime la dualité ***Communauté / Union***. Par contre, la ***Charte des droits fondamentaux de l'UE***, adoptée au Conseil européen de Nice en décembre 2000, n'est pas reprise in extenso dans le traité.

Toutefois, l'article 6 du TUE précise que « *l'Union reconnaît les droits, les libertés et les principes énoncés dans la Charte (...), laquelle a la même valeur juridique que les traités* ». Le Royaume-Uni et la Pologne ont cependant obtenu une dispense d'application de la Charte qui fait l'objet d'un protocole additionnel. Le 29 octobre 2009, la République tchèque a également obtenu cette même dispense d'application de la Charte qu'elle demandait pour ratifier le traité de Lisbonne, levant ainsi un obstacle majeur à son entrée en vigueur.

D'une manière générale, le traité de Lisbonne s'attache à écarter tous les éléments du TECE qui étaient censés conférer à l'UE les attributs d'un « ***super-État*** ». Ainsi, aucun article ne vient mentionner les symboles de l'Union (drapeau, hymne, devise), même si ces derniers continuent naturellement à exister. L'objectif ici recherché a été d'apaiser les inquiétudes des États comme les Pays-Bas et le Royaume-Uni, convaincus que leurs citoyens sont largement hostiles à toute manifestation d'un « ***super-État européen*** ». Mais pour marquer leur insatisfaction, 16 États membres (ceux qui avaient ratifié le TECE sauf la Finlande et l'Estonie) ont adopté une déclaration annexée au traité de Lisbonne dans laquelle ils rappellent leur attachement à ces symboles.

Les expressions « loi » et « loi-cadre européenne », qui figuraient dans le TECE, sont également abandonnées au profit des traditionnels règlements, directives et décisions.

En revanche, le traité de Lisbonne reconduit la procédure de retrait volontaire de l'UE qui figurait déjà dans le TECE, une procédure absente des traités européens fondateurs. Cette « clause de sortie » donne la possibilité aux États membres de se retirer volontairement de l'UE s'ils le désirent. Les Britanniques se sont déclarés favorables à une sortie de leur pays de l'UE, lors du référendum du 23 juin 2016. Le 29 mars 2017, le gouvernement britannique a activé l'article 50 du TUE, lançant ainsi officiellement son divorce avec l'UE.

Enfin, le traité de Lisbonne, qui ne comporte pas de clauses de « rendez-vous », indique qu'il doit être ratifié par les Hautes parties contractantes conformément à leurs règles constitutionnelles respectives et que les instruments de ratification sont déposés auprès du gouvernement de la République italienne. Il précise qu'il entrera en vigueur le 1er janvier 2009 à condition que tous les instruments de ratification aient été déposés ou, à défaut, le premier jour du mois suivant le dépôt de l'instrument de ratification de l'État signataire qui procède le dernier à cette formalité.

LE CONTENU DU TRAITÉ

Moins ambitieux que le TECE, ce nouveau traité européen maintient néanmoins ses grandes avancées institutionnelles destinées à faciliter les décisions dans l'UE comme l'extension du vote à la ***majorité qualifiée*** au sein du Conseil. Cette dernière devient la règle pour une quarantaine de nouvelles matières, dont la coopération judiciaire et policière, l'éducation ou la politique économique. L'unanimité reste toutefois le mode de votation pour la défense, la politique sociale, la fiscalité ou la révision des Traités.

Force est de constater que le traité de Lisbonne comporte la reprise d'une très grande partie de la substance de la « Constitution européenne ». C'est d'ailleurs la raison pour laquelle il a été qualifié de « Constitution européenne bis » par ses détracteurs. Ainsi, l'attribution d'une « personnalité juridique unique » à l'UE est maintenue. On retrouve également la clause de défense mutuelle garantissant « aide et assistance » à un État membre qui ferait l'objet d'une agression armée sur son territoire. D'autres dispositions novatrices de la « Constitution européenne » comme l'introduction d'un ***droit d'initiative citoyenne*** permettant à un million de citoyens d'inviter la Commission à soumettre une proposition dans un domaine donné, sont elles aussi préservées.

Le nouveau ***système de vote à la double majorité*** (55 % des États membres représentant 65 % de la population) introduit par le TECE pour l'adoption des textes au Conseil est maintenu. Il a remplacé, en 2014, le mécanisme complexe de pondération des voix en vigueur depuis le traité de Nice. C'est pour permettre un accord avec la Pologne que l'entrée en vigueur du vote à la double majorité au sein du Conseil a été reportée de 2009 au 1er novembre 2014.

Autre concession faite à Varsovie, il a été décidé que, jusqu'au 31 mars 2017, un État membre aurait la possibilité d'invoquer le ***compromis de Ioannina***. Ce compromis, qui tire son nom d'une réunion informelle des ministres des Affaires étrangères à Ioannina, en Grèce, en 1994, permet à un groupe d'États proches de la minorité de blocage, sans toutefois l'atteindre, de demander le réexamen d'une décision adoptée à la majorité qualifiée au Conseil.

Le traité de Lisbonne a créé le poste de ***président du Conseil européen***. Le Conseil européen doit élire à la majorité qualifiée un président pour une durée de deux ans et demi. Ce président du Conseil européen, dont le mandat sera renouvelable une seule fois, ne peut pas exercer en même temps un mandat national. Il est chargé de préparer et d'animer les sommets européens.

Le traité a créé le poste de ***Haut représentant pour les Affaires étrangères et la politique de sécurité***. Ce dernier doit remplir les fonctions exercées jusque-là par le Haut représentant pour la politique étrangère et de sécurité commune et par le Commissaire européen aux relations extérieures. Cette dénomination de « Haut représentant » a été préférée à celle, plus ambitieuse, de « ministre des Affaires étrangères » qui figurait dans le TECE. Mais ce Haut représentant a les mêmes prérogatives que celles prévues dans le TECE. Désigné pour cinq ans, ce responsable chargé d'incarner la politique européenne, qui dispose d'un service diplomatique propre (« *service européen pour l'action extérieure* »), a vocation à donner davantage de visibilité à l'action extérieure de l'UE. Il dirige le Conseil des ministres des Affaires étrangères des États membres de l'UE et est également vice-président de la Commission européenne.

En matière de défense, le traité de Lisbonne a prévu la création d'une ***Agence européenne de défense*** qui, en réalité, a été mise en place de façon anticipée depuis janvier 2005, et a introduit le dispositif de la « coopération structurée permanente » (CSP), permettant à des États qui le veulent d'aller plus loin en matière de défense commune. Le 11 décembre 2017, le Conseil a établi une CSP avec 25 États membres participants.

Le traité renforce les pouvoirs du ***Parlement européen et des Parlements nationaux***. Comme dans le TECE, le Parlement de Strasbourg se voit reconnaître un pouvoir de codécision dans de nombreux domaines comme la justice et les affaires intérieures. Il devient le véritable ***colégislateur*** de l'Union aux côtés du Conseil. La codécision devient la « ***procédure législative ordinaire*** ». Par ailleurs, les pouvoirs du Parlement européen sont étendus en matière de révision des traités. Il obtient le droit d'initier une procédure de révision des traités et son accord est nécessaire pour ne pas réunir une Convention. Le contrôle exercé par les Parlements nationaux de l'application du ***principe de subsidiarité*** est plus poussé que dans le TECE. Les Parlements nationaux bénéficient d'un mécanisme d'alerte précoce renforcé pour contester des projets de législation européenne. La période qui leur est accordée pour examiner un texte passe de six à huit semaines. Les Parlements nationaux, qui deviennent partie prenante du processus institutionnel européen, doivent désormais être informés de toute demande d'adhésion à l'Union européenne.

En lui donnant une existence légale et en le dotant d'une présidence stable, le traité de Lisbonne a également renforcé l'autorité de l'***Eurogroupe*** qui réunit les ministres des Finances des États de la zone euro. Selon un protocole annexé au traité de Lisbonne, les ministres des États de la zone euro élisent, à la majorité, un président pour deux ans et demi. Le ministre des Finances portugais Mario Centeno a été élu le 4 décembre 2017 à la tête de l'Eurogroupe. Le 13 janvier 2018, il a succédé au néerlandais Jeroen Dijsselbloem qui, lui-même, avait remplacé le luxembourgeois Jean-Claude Juncker, lequel a été le premier président de l'Eurogroupe pendant 8 ans (2005-2013).

Le ***droit matériel de l'Union européenne*** se trouve enrichi puisque de nouvelles politiques et actions de l'Union européenne apparaissent : l'aide humanitaire (TFUE, art. 214), le tourisme (TFUE, art. 195), l'énergie (TFUE, art. 194), la protection civile (TFUE, art. 196). D'autre part, certains domaines sont élargis avec, par exemple, l'espace qui est ajouté à la recherche et au développement technologique (TFUE, art. 179) ou encore la dimension territoriale qui vient compléter la cohésion économique et sociale (TFUE, art. 174).

Enfin, à la demande du Royaume-Uni, la ***primauté du droit de l'UE*** sur le droit national n'est pas affirmée dans un article spécifique du traité de Lisbonne. Mais ce principe, qui était expressément énoncé dans l'un des premiers articles du TECE, a fait l'objet d'une ***déclaration annexe (n° 27)*** renvoyant à la jurisprudence de la Cour de justice de l'Union européenne. Un ***avis du Service juridique du Conseil***, qui est également annexé au traité de Lisbonne, indique que « *le fait que le principe de primauté ne soit pas inscrit dans le (…) traité ne modifiera en rien l'existence de ce principe ni la jurisprudence en vigueur de la Cour de justice* ».

L'APPLICATION DU TRAITÉ

Premier traité à avoir été négocié depuis que l'Europe, élargie en 2004 et 2007 aux pays d'Europe centrale, aux pays Baltes, à Malte et à Chypre, a atteint sa nouvelle dimension continentale, le traité de Lisbonne est entré en vigueur le 1er décembre 2009 après avoir été ratifié par les États membres de l'Union. Depuis le 1er décembre 2009, l'UE est régie par deux traités : le ***Traité sur l'Union européenne*** (TUE) et le ***Traité sur le fonctionnement de l'Union européenne*** (TFUE).

Le traité de Lisbonne, qui met fin à l'ambition constitutionnelle de l'UE, est à l'origine de nombreux changements dans le fonctionnement de l'UE. On retiendra qu'il a notamment renforcé l'institutionnalisation de la Politique étrangère et de sécurité commune (PESC) en créant deux nouveaux postes.

Le Belge Herman Van Rompuy a été le premier président permanent du Conseil européen. Il a effectué deux mandats (2009-2014). Il a été remplacé à ce poste par le Polonais ***Donald Tusk*** qui a été réélu président du conseil européen, le 9 mars 2017. Le 30 août 2014, la ministre italienne des Affaires étrangères, la social-démocrate Federica Mogherini, a été désignée quant à elle au poste de Haut représentant de l'Union pour les affaires étrangères et la politique de sécurité. Elle a succédé à la Britannique Catherine Ashton à la tête de la diplomatie de l'UE.

On notera que la crise libyenne de 2011 a toutefois mis en évidence l'incapacité persistante de l'UE à se doter d'une politique étrangère commune lisible : l'Allemagne s'est abstenue (avec la Chine, la Russie, l'Inde et le Brésil), le 17 mars 2011, lors du vote au Conseil de sécurité de l'ONU de la résolution 1973 présentée par la France et le Royaume-Uni qui proposait d'autoriser l'usage de la force pour assurer la protection des populations civiles en Libye.

Comme le traité de Nice, le traité de Lisbonne a prévu de réduire le nombre de commissaires pour renforcer l'efficacité de la Commission. Il a ainsi prévu qu'en 2014 celle-ci serait constituée d'un nombre de commissaires correspondant aux deux tiers du nombre d'États membres, sauf décision contraire du Conseil européen. Mais, lors du ***Conseil européen de décembre 2008***, les Vingt-Sept ont renoncé à cet acquis majeur du traité de Lisbonne en décidant que l'Irlande, comme tout autre État membre, conservera un commissaire de sa nationalité au sein du Collège. Cette décision a été réaffirmée par le ***Conseil européen de Bruxelles de juin 2009***. C'était notamment le prix à payer pour obtenir que Dublin accepte d'organiser un deuxième scrutin référendaire sur le traité de Lisbonne. Le 2 octobre 2009, l'Irlande a accepté par référendum la ratification du traité qu'elle avait rejeté le 12 juin 2008. La Commission compte actuellement un seul commissaire par pays membre (dont le président et le Haut représentant de l'Union pour les affaires étrangères et la politique de sécurité).

Comme on le sait, il a fallu modifier le traité de Lisbonne pour mettre en place le ***Mécanisme européen de stabilité*** (MES). C'est le Conseil européen des 24 et 25 mars 2011 qui a ouvert la voie à une révision limitée du traité de Lisbonne afin de pérenniser le Fonds européen de stabilisation financière (FESF), lequel Fonds avait été lancé en 2010 afin d'éviter une contagion de la crise grecque à l'ensemble de la zone euro. Le Conseil européen de mars 2011 a adopté la décision modifiant le TFUE en ce qui concerne la création du MES. Le traité instituant le MES a ensuite été signé le 2 février 2012 par les États membres de la zone euro.

> Le 12 octobre 2017, le Conseil « Justice et Affaires Intérieures » de l'UE a adopté le règlement relatif à la création du Parquet européen. Ce Parquet dont la création a été prévue par le TFUE aura son siège au Luxembourg. Vingt pays membres y participeront.

Enfin, on remarquera que pour la Cour constitutionnelle allemande, l'Union issue du traité de Lisbonne demeure un simple « *regroupement d'États* » (arrêt du 30 juin 2009).

12 Le traité sur la stabilité, la coordination et la gouvernance dans l'UEM

Il vise à renforcer la discipline budgétaire et à mettre en place une surveillance plus stricte dans la zone euro.

L'origine historique du traité

Le Traité sur la stabilité, la coordination et la gouvernance dans l'Union économique et monétaire (TSCG), dont l'élaboration avait été décidée lors du sommet européen de décembre 2011, répond initialement à une exigence de la chancelière allemande, Angela Merkel, qui l'avait posé comme condition en échange de la solidarité financière de son pays avec les États en difficulté de la zone euro.

La forme du traité

Ce traité destiné à renforcer la discipline budgétaire dans la zone euro a été signé à Bruxelles, le ***2 mars 2012, par les pays de l'UE, à l'exception du Royaume-Uni et de la République tchèque***.

Ce texte, de seulement seize articles répartis en six titres, vient reprendre en termes juridiques l'essentiel des décisions politiques arrêtées lors du sommet de Bruxelles de décembre 2011. C'est un accord international classique, et non un accord communautaire même s'il attribue aux institutions de l'Union européenne certaines compétences. Afin de dissiper les craintes des défenseurs de la méthode communautaire, le TSCG prend soin de préciser dans sa première partie que les pays signataires s'obligent à appliquer cet accord intergouvernemental en conformité avec les traités européens.

Le TSCG, qui est ouvert aux pays non-membres de la zone euro, précise qu'***il pourra entrer en vigueur dès que douze pays de cette zone l'auront ratifié***. Ce dispositif constitue une innovation majeure par rapport aux pratiques européennes dans la mesure où la règle de l'unanimité avait jusqu'ici toujours été retenue. Il présente l'intérêt de permettre d'accélérer l'entrée en vigueur du traité et d'éviter un blocage si certains pays rencontrent des difficultés à le faire ratifier. Il ouvre aussi clairement la voie à une Europe à plusieurs vitesses.

Le contenu du traité

Il prévoit l'automaticité des sanctions en cas de déficit excessif. En effet, les sanctions envers un État qui dépasserait le plafond de 3 % du PIB pour ses déficits publics seront désormais automatiques, à moins que les États membres de la zone euro ne s'y opposent à la majorité qualifiée. Les pays qui seront soumis à une telle procédure devront instituer un « ***programme de partenariat économique et budgétaire*** » avec les institutions européennes, lequel programme détaillera les réformes structurelles devant être mises en œuvre.

Le TSCG oblige les États signataires à introduire une « ***règle d'or budgétaire*** » dans leur droit interne, de préférence dans leurs Constitutions, afin de garantir l'équilibre des comptes publics. Il s'agit d'interdire les déficits publics structurels supérieurs à 0,5 % du PIB. Il appartiendra à la Cour de justice (CJ) de vérifier la transposition de la « règle d'or » budgétaire au niveau national. La CJ pourra également infliger des amendes allant jusqu'à 0,1 % du PIB de l'État fautif.

Le TSCG vient institutionnaliser les sommets des chefs d'État et de gouvernement des pays de la zone euro auxquels participent le président de la Commission européenne ainsi que le président de la BCE comme invité. Ce faisant, il confirme les décisions prises par le sommet des pays de la zone euro du 26 octobre 2011. Le TSCG indique qu'un rapport sur l'issue de ces rencontres sera présenté au Parlement européen par le président du sommet de la zone euro.

L'APPLICATION DU TRAITÉ

Ce traité intergouvernemental est entré en vigueur le ***1er janvier 2013***. Il a vocation à être intégré dans le droit de l'UE cinq ans après cette date. Pour qu'il puisse être appliqué, il devait être ratifié par 12 pays membres de la zone euro. Cette condition a été satisfaite lorsque la Finlande, douzième État membre de la zone euro ayant ratifié le Traité, a déposé son instrument de ratification le 21 décembre 2012.

Ce « pacte budgétaire » a été présenté comme une réponse juridique et politique à la crise de la dette souveraine au sein de la zone euro. Il a vocation à être un tournant pour l'Union économique et monétaire dans la mesure où il vient jeter les bases d'un « gouvernement économique » face à la toute puissance du pôle monétaire qu'incarne la Banque centrale européenne (BCE).

Le TSCG a toutefois été critiqué. Le choix d'un traité intergouvernemental *ad hoc*, conclu hors du cadre communautaire, a été controversé car il va clairement dans le sens d'une division de l'Union européenne de nature à affaiblir ses institutions.

Le TSCG a aussi été présenté par certains comme étant profondément déséquilibré d'un point de vue économique. La réforme de la gouvernance budgétaire européenne introduite par ce nouveau traité a été critiquée car elle vient essentiellement se focaliser sur la discipline budgétaire. Il a aussi été soutenu que le TSCG n'était pas indispensable pour renforcer la nécessaire coordination des politiques budgétaires ; la plupart de ses dispositions figurant déjà dans des textes de droit dérivé comme notamment le paquet législatif adopté en novembre 2011 (le Six Pack).

Le « ***pacte pour la croissance et l'emploi*** », qui a été adopté lors du Conseil européen de juin 2012 à l'initiative de la France, est venu compléter le TSCG. Il mentionne une augmentation du capital de la ***Banque européenne d'investissement*** (BEI) de 10 milliards d'euros, ce qui doit lui permettre d'accroître sa capacité de prêt. Il prévoit également la mobilisation de quelque 55 milliards de fonds structurels inutilisés jusqu'ici en faveur de la recherche et l'innovation et le lancement des « *project bonds* » pour financer des projets de développement européens.

On notera que la loi organique du 17 décembre 2012 relative à la ***programmation et à la gouvernance des finances publiques*** (LOPGFP) a vocation à garantir l'application du TSCG. Elle est venue transposer dans le droit français les principes figurant dans ce traité intergouvernemental dont l'un des principaux apports est d'obliger les États membres à maintenir leur déficit structurel (le déficit public corrigé des effets du cycle économique) à un maximum de 0,5 % du produit intérieur brut (PIB) sous peine de sanctions.

En application du TSCG, qui impose que soient définis « *le rôle et l'indépendance des institutions chargées au niveau national de vérifier le respect des règles (budgétaires)* » déterminées par lui, la LOPGFP a institué le Haut Conseil des finances publiques (HCFP) qui est présidé par le premier président de la Cour des comptes. Cet organisme indépendant a vocation à éclairer les choix du Parlement et du Gouvernement. Il est amené à apprécier la fiabilité des prévisions macroéconomiques retenues par ce dernier. Il doit veiller à la cohérence de la trajectoire de retour à l'équilibre des finances publiques avec les engagements européens de la France.

Enfin, l'assistance financière du ***Mécanisme européen de stabilité*** (MES) est subordonnée à la ratification du TSCG. Le traité instituant le MES et le TSCG sont « *deux éléments de la stratégie visant à surmonter la crise de la dette publique dans la zone euro* » (Herman Van Rompuy). En France, ce lien direct entre les deux Traités, qui est affirmé à la fois dans le traité TSCG et dans le traité sur le MES, a été critiqué par les adversaires du TSCG lors du vote au Parlement de la loi autorisant la ratification du traité instituant le Mécanisme européen de stabilité.

En 2012, le MES a prêté plus de 41 milliards d'euros aux banques espagnoles via l'État. En 2013, il a participé au plan de sauvetage de Chypre adopté le 25 mars 2013.
Un troisième plan d'aide financière à la Grèce via le MES a été validé par les ministres des Finances de l'Eurogroupe le 14 août 2015. Une sortie de la Grèce de la zone euro (« Grexit ») a été évitée.

En décembre 2017, la Commission Juncker a proposé « *la création d'un Fonds monétaire européen (FME), ancré dans le cadre juridique de l'UE et s'appuyant sur la structure bien établie du MES* ».

13 LES AUTRES TRAITÉS EUROPÉENS

LES TRAITÉS BUDGÉTAIRES

Le traité modifiant certaines dispositions budgétaires de 1970

Ce traité, qui est entré en vigueur le 1er janvier 1971, a octroyé au Parlement européen un pouvoir d'amendement sur le projet de budget. Il lui a donné le dernier mot sur les « ***dépenses non obligatoires*** » (DNO) tout en laissant au Conseil le dernier mot sur les « ***dépenses obligatoires*** » (DO), c'est-à-dire les dépenses découlant obligatoirement des traités ou des actes adoptés en vertu de ceux-ci. Avec le traité de Lisbonne, qui a supprimé la distinction *DO/DNO*, l'Europarlement est devenu colégislateur à part entière sur la totalité du budget européen.

Le traité portant modification de certaines dispositions financières de 1975

Ce traité, qui est entré en vigueur le 1er juin 1977, renforce les pouvoirs du Parlement qui obtient le droit de rejeter l'ensemble du budget européen et d'accorder la ***décharge*** à la Commission concernant l'exécution du budget. Il a aussi permis la création de la ***Cour des comptes*** qui a vocation à exercer un contrôle *a posteriori* de l'exécution du budget.

LES TRAITÉS NON APPLIQUÉS

Le traité instituant la Communauté européenne de défense (CED) de 1952

Il prévoit la mise en place d'une CED, « *de caractère supranational, comportant des institutions communes, des Forces armées communes et un budget commun* ». Ce traité n'a pas pu s'appliquer faute d'avoir été ratifié par la France. C'est le 30 août 1954 que l'Assemblée nationale rejeta ce projet dont Paris fut à l'origine et qui avait été ratifié par l'Allemagne et les pays du Benelux.

Le traité établissant une Constitution pour l'Europe (TECE) de 2004

Il fusionne l'ensemble des traités européens antérieurs et attribue la personnalité juridique à l'UE. Il comporte de nombreuses innovations institutionnelles comme l'élection d'un président du Conseil européen ou la création d'un ministre des Affaires étrangères de l'UE.

L'échec des consultations référendaires en France et aux Pays-Bas a conduit à l'abandon du processus de ratification du TECE.

Cet ouvrage a été achevé d'imprimer
dans les ateliers de Leitzaran (Espagne)
Numéro d'impression : 527 – Dépôt légal : Août 2018